이런 진로는 처음이야

읽다 보면 저절로 쾌속 성장하는
자기 탐색 프로젝트

이런 진로는 처음이야

이찬(서울대 첨단융합학부 교수) 지음

21세기북스

내 꿈의
경험치를 높여 줄
특급 진로 게임

『이런 진로는 처음이야』를 통해 만나게 된 청소년 여러분 모두 반갑습니다. 여러분의 든든한 진로 멘토 이찬입니다. 이 책을 펼친 여러분은 아마 이름도, 생김새도 전부 다르고 잘하는 일도 하고 싶은 일도 전부 다를 거예요. 하지만 단한 가지, 다른 친구들보다 한발 앞서서 나만의 꿈을 그려 나가고자 미래를 고민한다는 점만큼은 같겠지요. 제가 이 책을 쓰게 된 이유 역시 여러분의 그런 노력을 응원하고 돕기 위해서였습니다.

매해 교육청에서 발표하는 설문조사를 확인해 보면 공부, 대학과 더불어 진로에 대한 여러분의 고민이 크다는 사실을 알 수 있습니다. 서울대학교에서 진행한 여러 청소년 체험 활동을 통해 만났던 학생들도 내가 하고 싶은 일, 잘하는 일을 찾지 못해 고민하고 있었고요.

특히 다양한 기술의 발달로 우리 주위 정보의 양이 늘어나고 선택의 폭이 넓어지면서 오히려 진로에 대한 청소년들의 고민이 더욱 커지고 있음을 느꼈습니다. 분명 오늘날 우리는 과거와 비교해 훨씬 더 다양한 기회 속에 살아갑니다. 우리들의 할머니, 할아버지 때를 생각해 볼까요?

그 시절 어른들은 공부를 좋아하면 누구나 의사, 판사, 변호사가 되어야 한다고 생각했습니다. 하지만 요즘은 그렇지 않아요. 각자 좋아하는 공부도 가지각색이라 프로그래머가 되어 컴퓨터를 연구하거나 전기로 움직이는 자동차, 화성으로 가는 로켓을 만들기도 합니다. 제가 연구하는 인력개발처럼 우리의 능력을 최대치까지 끌어올려 세상을 바꾸어 나가는 방법을 공부할 수도 있겠고요. 이처럼 기회가 늘어났다는 것은 우리가 다양한 기회 속에서 원하는 길을 고를 수 있다는 의미이기도 합니다. 그런데 고민은 커져만 가는 걸까요?

다양한 선택지가 주어진 햄버거 가게를 예로 들어 볼게요. 이 가게에는 메뉴가 치즈버거와 치킨버거 단 두 가지뿐

이었습니다. 이때는 어떤 메뉴를 고를지 정하는 게 어렵지 않았어요. 마음만 먹으면 치즈버거와 치킨버거를 둘 다 먹어 본 다음, 내 입맛에 잘 맞는 것을 고르면 되니까요. 하지만 어느 날 가게의 메뉴가 백 가지로 늘어났다고 생각해 봅시다. 원래 있던 치즈버거, 치킨버거와 더불어 불고기버거, 새우버거, 파인애플버거…. 사실상 이 메뉴를 다 먹어 보고 고른다는 것은 불가능하지요. 포기해야 하는 선택지가 늘어난 것입니다. 그리고 포기는 반드시 후회를 데려옵니다. 늘어나는 선택지와 함께 우리 마음속의 후회도 덩치를 부풀린 것이지요. 바로 이런 후회가 자꾸만 우리의 선택을 어렵게 만듭니다.

또 다른 이유도 있어요. 바로 모두가 꿈꾸는 직업을 갖는 일, 즉 장래 희망을 이루는 일이 점점 어려워지고 있기 때문입니다. 나이 차이가 나는 사촌 형이나 누나가 있는 친구라면 이 이야기에 더욱 공감할 수 있을지도 모르겠네요. 유튜브나 인스타그램, 틱톡에서 대학생 정도 되어 보이는 형, 누나들이 일자리를 구하지 못해 머리를 싸매는 광경을 본 적이 있을 거예요. 많은 사람이 인공지능에 일자리를 빼앗겼다는 신문 기사나 뉴스를 본 적도 있을 거고요. 세상은 지금 이 순간에도 빠르게 바뀌고 있고 일자리에 대한 불안이 점점 아래 세대로 내려와 마침내 여러분에게까지 도착한 것입니다. 이 책을 펼친 여러분 중에도 분명 그런 불안을 느낀 친구가 있으리라 생각합니다.

이러한 상황 속에서 여러분의 진로 고민 해결을 돕고, 막연한 미래에 대한 불안함을 해소했으면 하는 마음으로 이 책을 썼습니다. 앞서 말한 것처럼 우리의 고민을 깊어지게 만드는 것은 바로 후회입니다. 사람은 누구나 후회하는 삶이 아닌 만족하는 삶을 살고 싶어 합니다. 하지만 세상에 조금의 후회도 없는 선택은 존재하지 않아요. 다만 이 후회를 최소한으로 줄이기 위해 노력할 수는 있습니다.

지금부터 나는 어떤 사람인지, 무엇을 잘하고 무엇을 좋아하는지, 책을 읽으며 한 걸음씩 나아가 보세요. 진로를 하나의 게임으로 생각해 봐도 좋습니다. 고민하고 탐구하는 이 모든 과정이 나의 경험치를 올리기 위한 퀘스트인 거예요. 이 책에서 제시하는 퀘스트를 하나하나 깨면서 내게 꼭 맞는 흥미와 적성을 발견하고, 나만의 진로를 만들어 봅시다.

나만의 진로를 만드는 일이 중요한 이유가 또 있습니다. 여러분은 혹시 왜 공부해야 하는지 스스로 생각해 본 적 있나요? 아마 많은 학생이 시험을 보기 위해서, 성적을 올리기 위해서라고 대답할 것 같습니다. 하지만 단순히 시험이나 성적이 목적이 되는 공부는 하면 할수록 지치고 무기력해질 수밖에 없습니다. 다들 한 번쯤은 '내가 도대체 왜 이렇게 하기 싫은 공부를 해야 해!'라고 소리라도 지르고 싶었을 거예요. 지금 우리가 하는 대부분의 공부는 뚜렷한 목표 없이 그저 해야 하니까 어쩔 수 없이 하는 공부에 불과합니다.

그런데 만약 이루고 싶은 꿈이 생기면 어떨까요? 아마 그 꿈을 이루기 위해서는 여러 공부가 필요할 것입니다. 원하는 대학, 원하는 학과에 들어가기 위한 교과 공부와 더불어 학교에서는 알려 주지 않는 다른 공부가 필요할 수도 있겠지요. 이렇게 되면 공부는 더 이상 막연한 의무가 아니라 우리의 꿈을 이루기 위한 중요한 과정 중 하나로 바뀌게 됩니다. 지금 내게 필요한 공부가 무엇인지, 어떤 공부에 좀 더 집중해야 하는지, 공부 계획을 세우는 데에도 진로는 큰 도움이 됩니다. 의사가 되고 싶다면 생명과학과 화학 공부에 집중해야 하며, 디자이너가 되고자 하는 학생은 미술과 디자인 관련 과목을 더 깊이 공부해야겠지요.

공부하는 이유와 목적이 생기면, 그 목적을 이루기 위해 더 열정적으로 공부에 임할 수 있어요. 그뿐만 아니라 나에게 필요한 공부를 하나씩 찾아가는 과정도 우리에게 또 다른 재미를 안겨 줍니다. 뚜렷한 목표를 위해 공부하게 되면 성적은 자연스럽게 쑥쑥 오른답니다.

2022년 프로게이머 데프트가 했던 유명한 말이 있습니다. 바로 '중요한 것은 꺾이지 않는 마음'이라는 것. 이 꺾이지 않는 마음을 만들기 위해 가장 중요한 것이 바로 동기부여예요. 꿈과 진로는 우리에게 그 무엇보다도 강하고 흔들리지 않는 동기를 선물해 줍니다. 세상에 정말 공부가 재미있어서 하는 학생은 많지 않습니다. 그럼에도 나의 꿈을 위해, 내가 도달하고 싶은 목표를 위해 계속해서 노력하는 것이지요. 어떻게 보면 공부도 진로라는 게임 안에 있는 또 다른 퀘스트라고 생각해 봐도 좋겠네요. 다른 퀘스트보다 좀 더 어렵다 뿐이지 의지만 있다면 얼마든지 해낼 수 있습니다. 게다가 퀘스트의 난도가 높으면 높을수록 우리가 받을 경험치와 성취감은 더 커지기 마련이니까요.

목표가 없는 공부는 흔들리기 쉽습니다. 시험을 준비하는 동안에는 집중할 수 있지만 시험이 끝나면 금세 동기를 잃고 마는 경우가 많습니다. 학교나 학원에서 배운 건 많은데 시험 치고 돌아서면 전부 까먹는 경험을 해 본 친구라면 더욱 진로 탐색을 통해 목표를 만드는 것이 중요해요. 나의 꿈이 유전자를 연구하는 생명과학자라면 과학 시험을 보고 난 후에도 관련된 공부를 더 이어 나갈 수 있겠죠. 도서관이나 서점에서 내게 필요한 책을 더 찾아 읽거나 유튜브에서 관련 영상을 더 찾아볼 수도 있을 거예요. 주말에 비슷한 흥미가 있는 친구들과 모여 실험까지 해 본다면 더욱 좋겠네요. 이런 것도 공부라고 할 수 있냐고요? 그럼요! 교과서나 문제집을 푸는 것보다 이렇게 주도적으로 찾아 나가는 공부가 더욱 중요합니다. 내가 정한 목표에 맞추어 스스로 계획을 세우고 실행해 나가다 보면 문제 해결력은 물론이고, 창의성까지 기를 수 있습니다. 무엇보다 이렇게 교과서 밖까지 이어지는 공부는 기억에도 오래 남고 더욱 깊이 있는 지식으로까지 이어져 나만의 강력한 무기가 되거든요.

이처럼 진로는 스스로 동기를 부여할 수 있도록 돕고, 학업에 대한 열정과 흥미를 갖게 만들어 줍니다. 단지 내 꿈에 대해 고민하고 도전했을 뿐인데 이렇게나 근사한 일이 벌어지다니, 정말 놀랍지 않나요?

이 책을 앞으로 여러분이 꿈과 진로를 찾아 나가면서 부딪히게 될 여러 가지 퀘스트에 대한 공략집 정도로 생각해 보면 어떨까요. 제가 여러 청소년을 직접 만나고, 학교에 계시는 진로 선생님들과 이야기를 나누며 지금 여러분에게 가장 필요한 진로 정보와 꼭 해 주고 싶은 이야기를 하나하나 모아 엮었습니다. 스스로 무엇을 좋아하고 무엇을 잘하는 사람인지 파악할 수 있도록 돕는 여러 가지 재미있는 테스트는 물론이고, 여러분의 선택에 도움이 되도록 다양한 직업 이야기를 함께 실었어요. 여러분과 비슷한 고민을 하는 친구들의 사연도 있으니 친구와 고민 상담을 하듯 두런두런 읽어도 좋겠습니다. 그뿐만 아니라 내 꿈에 한 걸음 더 가까워질 수 있는 공부 계획까지 알차게 담았어요. 여러분이 원하는 대로 마음껏 이 책을 활용했으면 하는 바람입니다.

자, 우리의 튜토리얼은 여기까지입니다. 진로라는 게임 속으로 떠날 준비가 되었나요? 그럼 이제 힘차게 출발해 봅시다. 앞으로 펼쳐지는 흥미진진한 모든 모험은 전부 여러분을 위해 준비해 두었으니까요.

여러분의 꿈을 응원하며
이찬 교수

CONTENTS

- 세 번째 퀘스트 -

똑똑한 공부 계획으로 꿈의 무기를 획득하라!

나는 하고 싶은 것도 없고 꿈이 없어서 고민이야.

 야, 너도? 나도 그래! 나도 한동안 진로 고민 때문에 의욕도 안 생기고 우울했어.

다른 친구들은 벌써 하고 싶은 것을 잘 찾는 것 같아. 부럽기도 하고 마음도 조급해.

 좋아하는 게 뭔지 모르겠는데, 어떻게 해야 하지?

- 첫 번째 퀘스트 -

가슴 뛰게 만드는 일을 찾아라!

++EXP

무엇을 좋아하나요? 어떤 분야에 관심을 두고 있나요? 좋아하는 것이 생각나지 않는다고 해도, 혹은 좋아하는 것이 너무 많아서 선택하는 일이 어렵다고 하더라도 전혀 걱정할 필요가 없어요. 나 자신을 제대로 이해하고 또 알아가는 일은 앞으로 살아가면서 우리 모두가 마주하는 과정이랍니다. 이제부터 차근차근 나 자신에 대해 알아가기로 해요. 내가 무엇을 좋아하고 싫어하는지, 또 자신의 진로 특성이 어떠한지를 말이죠. 나아가 다양한 직업인의 삶을 살펴보면서 구체적으로 어떤 일을 하는지 살펴봅시다. 앞으로 내 미래를 결정하는 데 중요한 참고 자료가 되어 줄 거예요.

1

드넓은 직업의 세계,
어디서부터 출발할까?

좋아하는 것들을 나침반 삼아 나아가기

"너는 장래 희망이 무엇이니?", "어른이 되면 무엇이 하고 싶니?" 이런 질문을 받았을 때, 바로 대답할 수 있나요? 혹은 머뭇거리게 되나요? 어른이 되어서 하고 싶은 일은 매일 바뀌기도 하고, 어쩌면 아직은 아무런 생각이 나지 않을 수도 있어요. 하지만 정해진 꿈이 없다고 해도 걱정하지 마세요. 지금부터 천천히 나 자신에 대해 조금씩 알아간다면 자연스럽게 내가 무엇을 좋아하는지도 알게 될 거예요.

어려울 것 없어요. 먼저 자신의 일상생활을 살펴보세요. 내가 무엇을 할 때 기분이 좋고, 내가 무언가를 할 때 시간이 빠르게 흘러가는지를 아는 것만으로도 내 미래에 대한 힌트를 찾을 수 있으니까요. 최근 좋아하는 일이 생긴 지은이의 이야기를 한번 들어 볼까요?

얼마 전 자이언트 판다 푸바오가 한국을 떠난 뒤로 마음이 너무 아파. 매일 자기 전에 귀여운 푸바오 영상을 보며 마음을 쏙 빼앗겼거든. 그러다 이제 푸바오는 물론 다른 동물 영상들까지 보는 취미가 생겼어. 저녁마다 시간 가는 줄 모르고 영상 보는 재미에 흠뻑 빠져버렸지 뭐야. 판다뿐만 아니라 동물이 등장하는 여러 영상을 접하면서 강아지, 고양이와 같은 반려동물에 특히 관심을 두게 되었지. 너도 그런 영상은 한두 번쯤 본 적 있지 않아?

나는 영상을 자주 보다 보니까 반려동물의 특징을 잘 파악하게 되었고, 동물의 행동을 깊이 탐구하는 것을 좋아하게 되었어. 그러다 나중에 실제로 동물을 돌보는 일을 하면 좋겠다는 꿈을 자연스럽게 꾸게 되었지. 지금은 막연한 상상처럼 보이지만 훗날 내가 대부분의 시간을 반려동물과 함께 지내면서, 반려동물의 행동을 주의 깊게 관찰하고 교감할 수 있다는 생각만으로도 기분이 좋아져.

무엇보다 사육사와 반려동물 훈련사나 상담사의 인터뷰나 방송 프로그램을 보면서 그들이 일에서 흥미와 보람을 느끼고 즐거움을 얻는 모습에 더 매력을 느끼게 되었어. 타인을 향해 따뜻한 마음을 보이고 겸손한 성품을 가진 이들로 보여서 미래에 반려동물과 함께하는 직업을 하면 행복한 삶을 살 수 있을 것 같아. 생각만으로도 행복해지네.

한 사람 한 사람 인생 앞에 놓인 앞으로 살아갈 삶의 길을 우리는 진로라고 부릅니다. 진로는 직업뿐만 아니라 자신이 속한 다양한 공동체에서의 활동, 평생 학습, 여가 생활 등 살아가면서 거치게 되는 인생의 모든 경험을 포함해요. 그러므로 행복한 삶을 만들기 위해서는 과거의 경험을 토대로 자신을 객관적으로 탐구하고 자신에게 맞는 진로를 탐색해야 하는 일이 필요합니다.

직업은 우리가 살아가면서 하는 다양한 일 중에서 긴 시간 동안 계속하고, 그 결과가 나뿐만 아니라 주변과 사회에 도움이 되며 무엇보다 경제적 보상을 받는 활동을 말해요. 직업을 통해 생계를 유지하고, 사회 구성원으로서 자신의 능력을 발휘하여 만족과 기쁨을 느낄 수 있어요.

과학 기술이 발달하고 사회·문화·생태적 환경이 빠르게 변화하면서 새로운 직업이 등장하거나 직업인이 해야 하는 업무의 내용이 변하는 등 직업 세계도 함께 변화하고 있어요. 직업 세계의 변화에 맞추어 우리는 직업의 미래 가치를 살펴보면서 각 직업에서 요구하는 조건이나 필요로 하는 능력 등을 폭넓게 탐색할 필요가 있습니다.

내 마음이 끌리는 대로 움직여 봐

그렇다면 진로를 결정할 때 무엇이 영향을 미칠까요? 영향을 미치는 요소는 다양하겠지만 크게 흥미, 적성, 성격, 가치관 등을 주요한 요소로 꼽을 수 있어요.

먼저 흥미란 어떤 대상에 관심이 가고 마음이 끌리는 감정을 말해요. 두 번째로 적성은 어떤 일에 알맞은 소질이나 적응 능력이 있는지를 의미합니다. 세 번째로 성격은 환경에 대하여 특정한 행동을 나타내고, 그 행동을 계속하거나 발전시키는 개인의 성질이나 품성을 뜻하지요. 마지막으로 가치관은 어떤 선택 및 결정을 할 때 기준이 되는 믿음이나 신념을 이야기합니다.

자신의 진로 특성을 잘 이해할 수 있다면 앞서 반려동물과 함께하는 미래를 꿈꾸는 지은이처럼 자신의 미래를 구체적으로 떠올려 볼 수 있어요. 그만큼 다양한 직업인의 특성을 이해하고 그에 따른 삶의 모습을 들여다보는 일은 중요하답니다.

이를테면 병원에서 일하는 사람들을 떠올려 볼까요? 병원에서는 어떠한 직업인들을 보았나요? 의사, 간호사는 물론 임상 병리사, 물리 치료사, 응급 구조사, 방사선사, 병원 행정 사무원, 간병인 등 다양한 직업군이 병원이라는 한 공간에서 일합니다. 그들은 한 공간에서 함께 일하지만 저마다 요구되는 능력과 역할이 다릅니다.

병원에서 일하는 다양한 직업군 중 간호사를 예로 들어볼까요? 간호사는 의사의 진료를 돕고, 의사의 처방이나 규정된 간호 기술에 따라 치료를 해요. 환자나 가족에게 그들의 눈높이에 맞추어 치료 과정과 질병에 대해 설명을 하고, 전문적인 의료 활동을 수행하는 역할도 하지요. 의사가 없을 경우 비상조치를 시행할 수 있으며, 의사의 진료를 도우며 의사의 처방이나 규정에 따라 치료한답니다. 환자의 상태를 파악하기 위해 혈압, 체온 등을 측정하고, 약품을 투여하거나 외상 치료를 하면서 환자의 상태와 반응을 관찰하는

그만큼
다양한 직업인의 특성을 이해하고
그에 따른 삶의 모습을 들여다보는 일은
중요하답니다.

등 폭넓은 업무를 해요.

이처럼 다양한 일들을 담당하는 간호사에게는 어떤 능력이 필요할까요? 무엇보다 환자를 살피고, 치료하기 위해 사람들과 원만한 관계를 유지하는 대인관계능력이 필요하겠지요. 또 다른 사람을 배려하고 봉사하는 마음이 있어야 합니다. 응급상황 시 빠르게 대처할 수 있어야 하며, 사회 안전에 관심이 있는 사람에게 어울리는 직업입니다.

이렇듯 한 공간에 일하는 직업군일지라도 각각 도맡은 역할과 특성이 다양해요. 그렇기에 직업 세계에서 요구하는 자신의 진로 특성을 더욱 폭넓게 이해하기 위해서는 자신의 진로 특성과 비슷한 직업들을 찾아보고, 각 직업군에게 요구되는 조건이 사회 변화에 따라 어떻게 달라지는지 탐색하는 것이 매우 중요하답니다.

나에게 꼭 맞는 직업 카드를 뽑아 보자

나에게 맞는 직업은 무엇일까요? 세상에는 수많은 직업이 있어요. 심지어 지금 이 순간에도 새로운 직업이 탄생하고 있다니 놀랍지 않나요? 혹시 너무 많은 직업이 있어서 선택하기 어렵다면 걱정하지 마세요. 여러분들을 위해 다양한 직업군을 표준화해 두었거든요.

국가 직무 능력 표준(NCS, National Competency Standards)은 산업 현장에서 직무를 수행하는 데 필요한 지식, 기술, 태도 등의 능력을 국가적 차원에서 표준화한 것이에요. 국가 직무 능력 표준에서는 직무의 유형을 중심으로 직업을 24개 분야의 직업군으로 대분류하였으며, 이를 다시 세세하게 구분해서 직업별로 필요한 능력을 안내하고 있어요.

국가 직무 능력 표준 홈페이지(http://www.ncs.go.kr)에서 분야별로 선택하거나 키워드 및 코드를 입력하여 직업을 분류할 수 있어요.

자, 그럼 이제 어떤 직업군이 내게 맞을지 살펴볼까요.

국가 직무 능력 표준에 따른 직업군

1

사업관리

조직 구성원의 업무를
지휘 · 조정하는 직업군

2

**경영 / 회계
사무**

경영 지원 및 행정 서비스,
사업과 관련된 서비스를
제공하는 직업군

3

금융 / 보험

금융 및 보험 서비스를
제공 · 관리하며 관련 업무를
수행하는 직업군

4

**교육 / 자연
사회과학**

학문에 대한 이론을 연구하고
학생들을 가르치는 직업군

5

**법률
경찰 / 소방
교도 / 국방**

공공의 질서를 보존하기 위한
공익의 활동과 관련된 직업군

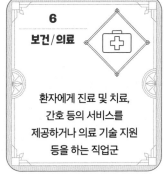

6

보건 / 의료

환자에게 진료 및 치료,
간호 등의 서비스를
제공하거나 의료 기술 지원
등을 하는 직업군

7

사회복지 종교

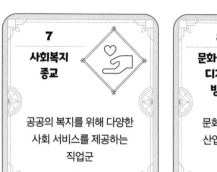

공공의 복지를 위해 다양한
사회 서비스를 제공하는
직업군

8

문화 / 예술 디자인 방송

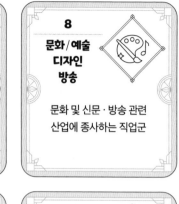

문화 및 신문 · 방송 관련
산업에 종사하는 직업군

9

운전 / 운송

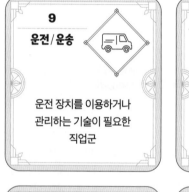

운전 장치를 이용하거나
관리하는 기술이 필요한
직업군

10

영업판매

상품이나 서비스의 영업 및
판매를 수행하거나
지원하는 직업군

11

경비 / 청소

경비, 청소, 시설 관리 등의
업무를 수행하는 직업군

12

이용 / 숙박 여행 / 오락 스포츠

이·미용, 여행, 오락, 스포츠
등과 관련된 서비스를
제공하는 직업군

13

음식 서비스

음식을 조리하거나 제공하는
서비스와 관련된 직업군

14

건설

건축, 토목, 조경 등과 관련된
직업군

15

기계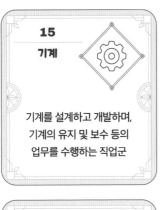

기계를 설계하고 개발하며,
기계의 유지 및 보수 등의
업무를 수행하는 직업군

16

재료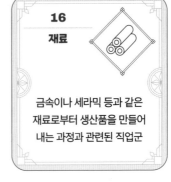

금속이나 세라믹 등과 같은
재료로부터 생산품을 만들어
내는 과정과 관련된 직업군

17

화학 / 바이오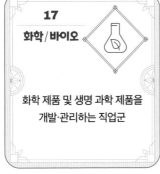

화학 제품 및 생명 과학 제품을
개발·관리하는 직업군

18

섬유 / 의복

섬유 및 의복을
생산·관리하는 직업군

19
전기·전자
전기를 생산하거나 전자
기기와 관련된 부품을
가공 · 개발 · 수리하는 직업군

20
정보 통신
데이터 정보를
생산 · 전달 · 처리하는 과정과
관련된 직업군

21
식품 가공
식품을 연구·개발하여 생산
또는 가공하는 과정과 관련된
직업군

22
인쇄/목재
가구/공예
출판물 제작 및 인쇄, 공예품
제작 등과 관련된 직업군

23
환경/에너지
안전
환경, 에너지, 안전 등의 문제를
해결하거나 개선하는 직업군

24
농림 어업
작물 재배, 가축의 사육,
산림관리 어업 등과 관련된
직업군

참고 국가직무능력표준 (http://www.ncs.go.kr)

나만의 슬기로운
진로와 직업 탐구

진로와 직업의 의미에 대해 잘 이해했나요? 앞서 살펴본 진로 특성을 바탕으로 진로와 직업이 나에게 어떤 의미를 가지고 있는지 정의해 보고, 진로와 직업의 의미를 설명해 봅시다. 특히 관심 있는 분야의 직업인이 갖는 진로 특성과 삶의 모습을 탐색해 보고, 직업인의 삶의 모습을 설명할 수 있다면 내 꿈에 한 걸음 더 가까워질 수 있을 거예요.

1. 진로의 의미는 무엇이라고 생각하나요?

    나에게 진로란 _____이다.

2. 그렇게 생각한 이유는 무엇인가요?

    _____

    _____

_____

_____

_____

_____

_____

_____

3. 직업의 의미는 무엇이라고 생각하나요?

    나에게 직업이란 _____ 이다.

4. 그렇게 생각한 이유는 무엇인가요?

_____

_____

_____

_____

_____

_____

_____

5. 관심 있는 직업인의 진로 특성과 삶의 모습을 만나 보아요.

내 미래에 도움이 되는 사이트

 커리어넷
http://www.career.go.kr
직업정보 ▶ 직업인 인터뷰

 워크넷
https://www.work.go.kr
직업·진로 ▶ 직업인 인터뷰

6. 내가 꿈꾸는 직업인은 누구인가요?

나는 _____을/를 꿈꾼다.

7. 내가 꿈꾸는 직업인은 어떤 진로 특성을 갖추고 있나요?
(흥미, 적성, 성격, 가치관 등)

_____

_____

_____

_____

_____

_____

_____

8. 내가 꿈꾸는 직업인은 어떤 삶을 살고 있나요?
   (하는 일, 업무 환경 등)

_____

_____

_____

_____

_____

_____

_____

_____

_____

_____

_____

_____

_____

_____

_____

좋아하는 일을 향해 전속력으로 달리기!

하고 싶은 건 많을수록 좋으니까

빈센트 반 고흐(Vincent van Gogh, 1853~1890)라는 이름을 들어봤나요? '반 고흐'라는 이름을 들어본 적 없더라도 그의 그림을 본다면 '아~' 하고 알게 될 거예요. 밤하늘이 꿈틀거리는 듯한 명작 「별이 빛나는 밤」을 세상에 남긴 네덜란드의 화가니까요. 이처럼 전 세계인의 사랑을 받는 화가도 사실은 자신이 좋아하는 일을 찾기 위해 평생을 끊임없이 애를 썼다고 해요.

고흐는 세상에서 가장 유명한 화가가 되기까지 수많은 경험을 하면서 자신이 진정 원하고 가장 잘할 수 있는 일을 계속해서 찾았어요. 그는 젊었을 때 미술품을 판매하는 화랑에서 일했지만 근무 태도가 불량하다는 이유로 해고되고 말았어요. 이후 고흐는 목사가 되고 싶다고 간절히 바라게 되었고, 신학 공부에 흠뻑 빠지게 되었습니다. 그렇게 임시 목사가 되었고, 아픈 사람들을 위해 봉사하면서 생활했지만, 교회의 반대로 임시 목사 생활도 허무하게 끝나게 되었어요. 계속해서 마주하는 실패와 좌절 속에서 고흐는 자신의 진짜 재능이 미술에 있다는 것을 발견하고, 조금 늦은 나이일 수 있는 스물일곱 살에 새롭게 화가의 삶을 시작하게 됩니다.

고흐는 풍부한 감성과 따뜻한 마음으로 자신의 시선에 들어온 사람과 풍경을 관찰하며 그림을 그렸어요. 그의 삶은 겉보기에는 고난의 연속으로 보이지만, 폭넓게 보면 자신의 꿈을 찾기 위해 도전하고 결국에는 자신의 진짜 재능을 발견한 삶이라 할 수 있습니다. 고흐가 다양한 경험을 하면서 자신의 꿈을 고민하지 않았더라면, 우리는 그가 남긴 수많은 명작을 만나지 못했을 거예요. 그랬다면 정말 아쉬웠겠죠.

끊임없이 자신의 진로를 고민한 끝에 우리에게 멋진 명작을 선사한 빈센트 반 고흐처럼 진로를 탐색하기 위해서는 자신의 흥미, 적성, 성격, 가치관 등과 같은 자신의 진로 특성을 종합적으로 파악하는 것이 중요하답니다. 자신의 진로 특성을 이해하는 것은 미래의 삶의 방향과 질을 결정하는 의미 있는 과정이니까요.

진로 특성을 탐색하는 방법에는 자신이 평소에 무엇에 관심을 보이는지 스스로 관찰하는 방법, 주변 사람들의 조언을 통해서 알아보는 방법, 흥미, 적성, 성격, 가치관 등에 대한 진로 심리 검사를 진행한 후 검사 결과를 통해 객관적으로 분석하는 방법이 있어요.

내가 나를 좋아해야 길이 보인다!

행복한 삶을 위해서는 무엇이 필요할까요? 행복한 삶을 위해서는 자신을 가치 있고 소중한 존재로 여기고 무슨 일이든 잘 해낼 수 있다는 긍정적인 자아 개념 형성이 필요해요. 여기서 '자아 개념'이란 자기 자신의 특성에 대한 개인적인 생각을 말해요. 자신을 사랑하고 신뢰하기 위해서는 일,

학습, 여가 등 삶 전반에서 자신감을 가지고 주도적으로 생활해야 하지요. 더불어 성취를 위한 어떤 일이나 행동을 일으키게 하는 계기, 동기가 필요합니다.

긍정적인 자아 개념은 자신의 고유한 진로 특성을 소중히 여기고, 진로 특성에 맞추어 진로 목표를 설정하고 이루어나가는데 중요한 원동력이 됩니다. 그렇다면 진로 특성을 탐색하기 위한 방법에는 어떠한 것들이 있을까요?

첫 번째로는 스스로 관찰하는 방법이 있어요. 좋아하는 것을 찾는 일, 잘하는 것을 찾는 일, 가치관을 알아보기, 주변 환경을 살펴보는 방법을 통해 자기 자신을 진단해 볼 수 있습니다.

두 번째로는 주변 사람의 조언을 귀 기울여 들어보는 것이에요. 가족과 대화를 하고, 선생님과 상담하거나 또래 친구들과 대화하면서 진로를 탐색할 수 있어요.

세 번째로는 진로 심리 검사로 자신의 가치관과 적성, 성격, 흥미 등을 알아보는 방법이에요. 직업 흥미, 직업 적성, 성격 유형, 직업 가치관 등의 검사를 통해 자신의 진로 성향을 보다 확실하게 진단해 볼 수 있습니다.

진로 특성 탐색 방법

스스로
관찰하는 방법

♦

좋아하는 것 찾기
잘하는 것 찾기
가치관 알아보기
주변 환경 살펴보기

주변 사람의
조언을 듣는 방법

♦

가족과 대화하기
선생님과 상담하기
친구들과 대화하기

진로 심리 검사로
알아보는 방법

♦

직업 흥미 검사하기
직업 적성 검사하기
성격 유형 검사하기
직업 가치관 검사하기

내게 꼭 맞는 직업,
마법 카드에게 물어봐

직업 흥미 검사를 통해 자신의 직업 흥미를 탐색하고 직업 적성을 탐색해 보세요. 커리어넷 사이트에 접속해 진로 심리 검사를 참고하면 자신의 흥미와 적성을 알아보는데 도움이 될 거예요.

1.   나의 흥미 유형 순위를 다음 육각형에 표시해 봅시다.

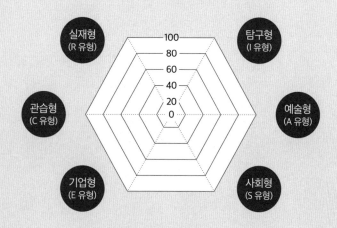

실재형

R
유형

분명하고 질서 있고
체계적인 것, 사물이나
기계 다루는 일을
좋아한다.

탐구형

I
유형

문제 해결을 위해
아이디어를 내고
정보 분석하는 일을
좋아한다.

관습형

C
유형

변화를 싫어하고
정해진 원칙과 계획에
따라 일하는 것을
좋아한다.

예술형

A
유형

상상력이 풍부하고
재능이 있으며
창의적인 일을
좋아한다.

기업형

E
유형

다른 사람을 설득하고
지시하며 관리하는
일을 좋아한다.

사회형

S
유형

다른 사람을 도와주고
가르치며, 상담하고
봉사하는 일을
좋아한다.

2. 나의 흥미 유형 순위에 따라 다음 표를 완성해 봅시다.

1위

흥미 유형	_____
성격 특성	_____
직업 특성	_____
관련 직업	_____

2위

흥미 유형	_____
성격 특성	_____
직업 특성	_____
관련 직업	_____

3위

흥미 유형	_____
성격 특성	_____
직업 특성	_____
관련 직업	_____

3. 나의 성격 유형을 알아봅시다. MBTI 검사를 통해 자신의 성격 유형을 탐색할 수 있어요. 다음 중 자신에게 해당하는 항목에 ∨ 표시해 봅시다.

E

외향형

친구가 많다. ··· ◯
친구들과 함께하는 놀이가 좋다. ····················· ◯
행동을 먼저 하고 생각한다. ···························· ◯
생각과 느낌을 말로 표현하는 것이 편하다. ····· ◯
생각이 바로 밖으로 표현된다. ······················· ◯
활발하고 적극적이라는 말을 많이 듣는다.········ ◯
친구들과 함께 공부하면 잘된다. ····················· ◯

I

내향형

소수의 친구와 친하다. ····································· ◯
나 혼자 재미있게 하는 놀이가 좋다. ··············· ◯
행동하기 전에 생각부터 한다. ······················· ◯
생각과 느낌을 글로 표현하는 것이 편하다.······ ◯
생각에 깊이 빠질 때가 있다. ·························· ◯
조용하고 차분하다는 말을 많이 듣는다. ·········· ◯
나 혼자 공부하면 더 잘된다. ························· ◯

S

감각형

정확하고 꼼꼼하다는 말을 듣는다. ·················· ◯

구체적인 내용을 잘 기억한다. ····················· ◯

남들이 하는 대로 따라 하는 게 편하다. ·············· ◯

구체적인 예를 들어 설명할 때 잘 배운다. ············· ◯

현재 일어나는 일에 관심이 많다. ··················· ◯

주변 사람들의 외모나 특징을 잘 기억한다. ··········· ◯

부지런하고 성실하다는 말을 듣는다. ················ ◯

N

직관형

상상력이 풍부하다는 말을 듣는다. ················· ◯

작은 틀보다는 전체의 윤곽을 잘 본다. ·············· ◯

스스로 나만의 방법을 찾는다. ····················· ◯

전체적인 맥락을 먼저 이해해야 잘 배운다. ··········· ◯

미래에 관심이 많다. ···························· ◯

물건을 잃어버릴 때가 종종 있다. ·················· ◯

기발하고 엉뚱하다는 말을 듣는다.. ················ ◯

사고형

공평한 사람이 되고 싶다. …………………………… ○
비판적인 편이다. ……………………………………… ○
냉철한 이성으로 판단한다. ………………………… ○
논리적으로 설명을 잘한다. ………………………… ○
결정하는 일이 어렵지 않다. ………………………… ○
원리와 원칙을 중요하게 생각한다. ………………… ○
"왜?"라는 질문을 자주 한다. ……………………… ○

감정형

친절한 사람이 되고 싶다. …………………………… ○
협조적인 편이다. ……………………………………… ○
공감한 대로 판단한다. ……………………………… ○
이야기에 핵심이 없을 때가 있다. ………………… ○
결정하기가 어렵다. ………………………………… ○
자신에게 의미 있는 것을 중요하게 생각한다. ……… ○
남의 말을 잘 따른다. ………………………………… ○

판단형

먼저 공부하고 논다. ⋯⋯⋯⋯⋯⋯⋯⋯⋯⋯⋯⋯⋯⋯⋯ ◯
계획을 세워 일이나 공부를 한다. ⋯⋯⋯⋯⋯⋯⋯⋯⋯ ◯
규칙적인 생활을 한다. ⋯⋯⋯⋯⋯⋯⋯⋯⋯⋯⋯⋯⋯⋯⋯ ◯
한 번에 한 개의 일을 하는 게 편하다. ⋯⋯⋯⋯⋯⋯⋯ ◯
계획에 없는 일이 생기면 불편하다. ⋯⋯⋯⋯⋯⋯⋯⋯ ◯
정리 정돈된 깨끗한 방이 좋다. ⋯⋯⋯⋯⋯⋯⋯⋯⋯⋯⋯ ◯
목표가 뚜렷하고 실천을 잘한다. ⋯⋯⋯⋯⋯⋯⋯⋯⋯⋯ ◯

인식형

놀고 난 후에 공부한다. ⋯⋯⋯⋯⋯⋯⋯⋯⋯⋯⋯⋯⋯⋯⋯ ◯
일이나 공부를 그때그때 하는 편이다. ⋯⋯⋯⋯⋯⋯⋯ ◯
상황에 따라 유연하게 생활한다. ⋯⋯⋯⋯⋯⋯⋯⋯⋯⋯ ◯
동시에 여러 가지 일을 할 수 있다. ⋯⋯⋯⋯⋯⋯⋯⋯⋯ ◯
틀에 박힌 생활은 즐겁지 않다. ⋯⋯⋯⋯⋯⋯⋯⋯⋯⋯⋯ ◯
방이 어지러워도 상관없다. ⋯⋯⋯⋯⋯⋯⋯⋯⋯⋯⋯⋯⋯ ◯
색다른 것이 좋고 공상을 자주 한다. ⋯⋯⋯⋯⋯⋯⋯⋯ ◯

4. 위 3번에서 체크 표시가 많은 쪽의 영어 대문자를 순서대로 적고,
   나의 성격 유형의 특징과 관련 직업 분야를 확인해 봅시다.

   나의 MBTI 성격 유형은 ＿＿＿＿＿＿＿＿이다.

성격 유형별 특징과 관련 직업 분야

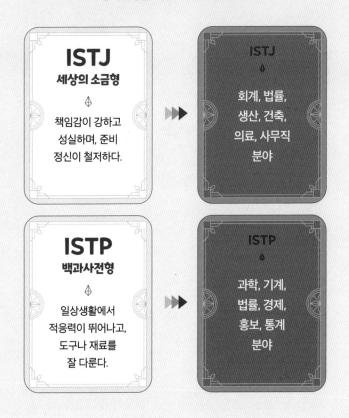

ISTJ
세상의 소금형

책임감이 강하고
성실하며, 준비
정신이 철저하다.

▶▶▶

ISTJ

회계, 법률,
생산, 건축,
의료, 사무직
분야

ISTP
백과사전형

일상생활에서
적응력이 뛰어나고,
도구나 재료를
잘 다룬다.

▶▶▶

ISTP

과학, 기계,
법률, 경제,
홍보, 통계
분야

ISFJ
충성형

⚜

책임감이 강하고
온정적이며,
침착하고 인내력이
강하다.

▶▶▶

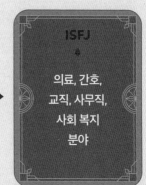

ISFJ

⚜

의료, 간호,
교직, 사무직,
사회 복지
분야

ISFP
성인군자형

⚜

마음이 따뜻하고
겸손하며, 헌신적으로
일을 한다.

▶▶▶

ISFP

⚜

의료, 성직,
교직, 사회 복지
분야

INTJ
과학자형

⚜

독창적이고
통찰력이 뛰어나며
목표 지향적이다.

▶▶▶

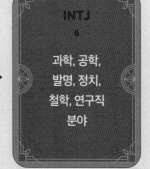

INTJ

⚜

과학, 공학,
발명, 정치,
철학, 연구직
분야

INTP
아이디어 뱅크형

분석적이고
논리적이며,
아이디어가 많다.

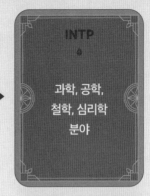

INTP

과학, 공학,
철학, 심리학
분야

INFJ
예언자형

창의력과 통찰력이
뛰어나고, 직관력이
필요한 분야에서
능력을 발휘한다.

INFJ

성직,
심리학,
예술
분야

INFP
잔다르크형

마음이 따뜻하고
조용하며,
자신이 하는 일에
책임감이 강하다.

INFP

상담, 문학,
과학, 예술
분야

ESTJ
사업가형

🔷

현실 감각이 뛰어나며,
일을 계획하여
추진하는 능력이 있다.

▶▶

ESTJ

🔷

관리직, 행정직,
제조, 생산,
건설 분야

ESTP
활동가형

🔷

개방적이고
진취적이며,
사람이나 일에
선입견이 별로 없다.

▶▶

ESTP

🔷

공학,
마케팅,
건축
분야

ESFJ
친선 도모형

🔷

다른 사람에게 관심을
쏟고 협동을 중시하며,
동료애가 많다.

▶▶

ESFJ

🔷

교직, 성직,
판매,
간호, 의료
분야

ESFP
사교적인 유형

◈

활발하고 적극적이며,
어떤 상황이든
잘 적응한다.

ESFP

◈

의료, 간호,
디자인,
비서직
분야

ENTJ
지도자형

◈

활동적이고
솔직하며,
결단력과
통솔력이 있다.

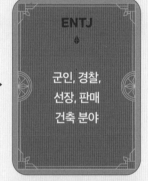

ENTJ

◈

군인, 경찰,
선장, 판매
건축 분야

ENTP
발명가형

◈

활동적이고
독창적이며,
표현력과 상상력이
뛰어나다.

ENTP

◈

공학, 과학,
언론, 홍보
분야

ENFJ
언변 능숙형

◈

동정심이 있고
사교적이며,
의사소통이
뛰어나다.

▶▶

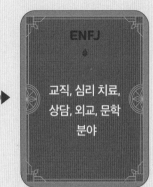

ENFJ

◈

교직, 심리 치료,
상담, 외교, 문학
분야

ENFP
스파크형

◈

열정적이며,
항상 새로운
가능성을 찾아
시도한다.

▶▶

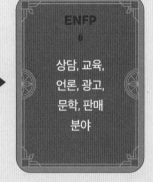

ENFP

◈

상담, 교육,
언론, 광고,
문학, 판매
분야

내 꿈이 더욱 자랑스럽도록
레벨 업!

가치관은 직업을 선택할 때나 어떤 선택을 할 때 중요한 기준이 되어 줍니다. 특히 직업과 관련한 여러 가지 특성에서 무엇을 얼마나 중요하게 생각하는지를 나타내는 것을 직업 가치관이라고 합니다. 자신이 선택한 직업과 가치관이 서로 어긋나지 않고 잘 들어맞는다면, 그 직업에 대한 만족도가 커지고 강한 자부심을 가질 수 있습니다. 다음 직업 가치관 검사를 통해 자신의 직업 가치관을 탐색해 보세요.

1. 커리어넷에서 직업 가치관 검사를 하고, 다음 그래프의 12가지 항목에 직업 가치관 점수를 표시해 봅시다.

 커리어넷
http://www.career.go.kr
진로 심리 검사 ▶ 직업 가치관 검사

안전성										
보수										
일과 삶의 균형										
즐거움										
소속감										
자기 계발										
도전성										
영향력										
사회적 기여										
성취										
사회적 인정										
자율성										

0　　2　　4　　6　　8　　10　　12　　14　　16　　18　　20

2. 검사 결과의 상위 직업 가치관과 내가 중요하게 생각하는 직업 가치관을 비교해 봅시다.

순위	검사 결과의 상위 직업 가치관	내가 중요하게 생각하는 직업 가치관
1위		
2위		
3위		

3. 나의 가치 지향 유형을 적고, 해당 유형의 특징과 관련 직업을
   정리해 봅시다.

   ⚜ 가치 지향 유형: _____

   ⚜ 주요 가치: _____

   ⚜ 내용: _____

   _____

   _____

   _____

   _____

   _____

   _____

   _____

   _____

   _____

   _____

   ⚜ 관련 직업: _____

   _____

   _____

   _____

4. 진로 심리 검사를 통해 알게 된 나의 진로 특성과 관심 직업, 내 꿈을 이루기 위해 노력해야 할 점을 적어 봅시다.

> **예시**
>
> 나는 미래에 실패를 두려워하지 않는 도전정신이 강한 직업인이 되고 싶다.
> 왜냐하면 **미래 사회는 새로운 것들이 빠르게 생기고 변화하기 때문이다.**
> 그러기 위해서 **사회적 이슈와 새로운 기술에 대한 뉴스를 보며 새로운 정보를 수집하고 공부하기 위해** 노력할 것이다.

나는 미래에 _____ 직업인이 되고 싶다.

왜냐하면 _____ 때문이다.

그러기 위해서 _____ 노력할 것이다.

♦ 나의 진로 특성: _____

♦ 관심 직업: _____

♦ 노력해야 할 점: _____

_____

_____

_____

_____

3

뭐든 척척 해내는 어른이
되고 싶다면

공부는 혼자, 일은 다 함께?

여러분은 어떤 사람들과 함께 있을 때 즐거움을 느끼나요? 어쩐지 긍정적이고, 유쾌한 친구들의 얼굴이 떠오를 것 같네요. 마찬가지로 미래에 긍정적인 사람들과 함께 일하게 된다면 즐거움을 느끼며 만족감을 얻을 수 있습니다. 그러면 더욱 신나게 일을 할 수 있겠지요.

여기서 잠깐 한 제품 회사의 회의 시간을 살펴볼까요? 새로운 제품 출시를 앞두고 서로의 의견을 활발히 교환하고 있네요. 이야기하는 모습에서 각각 어떤 태도로 일을 하고 있는지 느껴 보세요.

이 대리: 이번에 새로 시작하는 제품의 홍보 활동에 참여하고 싶습니다. [도전 정신]

한 차장: 이 대리 의견을 존중합니다. 혹시 다른 의견이 있다면 편하게 말씀해 주세요. [의사소통 능력]

서 부장: 이 대리님의 특성과 잘 어울리겠네요. 홍보 활동에 열심히 참여해 보세요. [타인의 특성 존중]

이 대리: 감사합니다. 제품에 대해 살펴봤는데요, 이후 출시될 모델에는 음성 인식 기능을 추가하면 사용자가 더 편리하게 이용할 것으로 보입니다. [창의성]

서 부장: 좋은 의견입니다. 일을 나누어서 진행하면 훨씬 효율적이니, 한 차장도 함께 진행해 보세요. 한 차장은 일정을 잘 지켜서 항상 믿음이 갑니다. [협업 능력, 타인의 특성 존중]

한 차장: 감사합니다. 이번에도 일정을 잘 지켜 진행해 보겠습니다. [신뢰성]

현대 사회의 직장에서 수행하는 대부분의 업무는 협업

을 바탕으로 해요. 함께 일하는 과정에서 직업인은 수많은 사람들과 관계를 맺고 직업 생활을 하게 됩니다. 함께 일하고 싶은 직업인이 되기 위해서는 다른 사람과의 원만한 관계를 형성하는 것이 매우 중요해요. 이를 위해 다른 사람의 특성을 존중하는 태도를 기르고, 다른 사람과의 관계에서 신뢰성을 높이는 것이 필요합니다. 또 자신의 의견을 전달하고 다른 사람의 생각을 제대로 이해할 수 있는 의사소통 능력도 요구됩니다.

함께 일하고 싶은 직업인은 효율적으로 일을 진행할 수 있는 새로운 방법을 생각해 냅니다. 창의성을 발휘하여 참신한 아이디어를 제안하며, 그 자체로 주변 동료에게 긍정적인 자극을 주게 됩니다. 또 자신의 생각을 직접 실행해 옮기는 도전 정신을 발휘하여 일의 성과를 높일 수 있답니다. 이런 사람들이 여럿 모인다면 함께 일하는 시간이 즐거울 뿐만 아니라 그만큼 업무 성과도 좋지 않을까요?

근사한 태도에 멋진 꿈이 깃든다

직업은 자신의 가치를 실현하는 일이에요. 동시에 사회

구성원으로서 필요한 역할을 수행하여 사회가 유지되고 발전할 수 있도록 도움을 주는 일이기도 합니다. 그렇기 때문에 함께 일하고 싶은 직업인의 긍정적인 특성과 태도를 살펴보고, 이를 본보기 삼아 바람직한 직업인의 자세를 기르도록 노력해야 할 필요가 있어요.

바람직한 직업인이 되기 위해서는 협력하여 계획한 일을 이루어 낼 수 있는 협업 능력, 신뢰성, 창의성, 도전 정신, 의사소통 능력 등 긍정적인 특성과 태도를 갖추도록 노력해야 합니다. 함께 일하고 싶은 직업인의 긍정적 특성과 태도에 대해 생각한다면 바람직한 직업인이 될 수 있을 거예요.

바람직한 직업 활동을 위해 필요한 특성

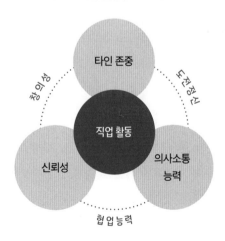

나만 없는 장래 희망,
어떡하지?

다음 민재의 고민을 읽고, 나라면 어떻게 해결할 수 있을
지 함께 생각해 봅시다.

Q 저는 아직도 제가 하고 싶은 것을 찾지 못했어요. 친구들이 진로
목표에 맞춰 계획을 세우고 실천해 나가는 모습을 보니 마음만
조급합니다. 혼자 뒤처지는 것 같고 그렇다고 무엇을 잘하는지
도무지 모르겠어요. 저는 어떻게 하면 좋을까요?

A **"조급할 필요가 전혀 없습니다. 천천히 자신을 알아가 보세요."**

하고 싶은 것을 찾지 못해 불안하군요. 자신이 하고 싶은
것을 아직 발견하지 못했더라도 답답할 필요가 전혀 없
어요. 일찍이 자신이 하고 싶은 것을 찾아 진로 목표를 정
한 친구들도 있지만, 이것저것 다양한 경험을 하면서 천
천히 진로 특성에 어울리는 직업을 찾는 친구들도 많이
있답니다. 이미 직업을 갖고 있는 어른들조차도 자신의
직업에 만족하고 있는지, 지금 하고 있는 일을 계속해도

괜찮을지 고민하는 경우가 상당히 많거든요.

Ⓐ **"내 자신을 제대로 살펴보고, 내가 속한 세상을 살펴보세요."**

'10년 후 나는 어떤 일을 하고 있을까요?' 이 질문에 자신 있게 답을 하기 위해서는 우선 자기 자신을 제대로 관찰할 수 있어야 해요. 자신이 무엇을 좋아하고, 무엇을 잘하는지, 또 무엇에 관심이 있는지를 알아야 하니까요. 또 다양한 심리 검사를 진행한 후 검사 결과를 통해 자신을 살펴보는 것도 중요하겠죠?

나를 잘 아는 주변의 사람들과 충분히 이야기를 나누는 것도 중요합니다. 부모님이나 친한 친구와 같이 미래에 대해 이야기해 보세요. 내 자신에 대해 다시 한번 돌아볼 수 있는 계기가 되어줄 거예요.

나 자신을 제대로 아는 만큼 내가 속한 사회를 아는 것도 필요합니다. 수많은 직업의 종류에 대해, 그 직업에 종사하는 사람들은 어떤 일을 하며 살아가는지, 산업 구조나 시장 경제 등도 살펴보면 분명 도움이 될 거예요.

A **"진로 탐색은 '결과'가 아니라 '과정'입니다."**

진로 목표는 스스로 어떤 가치를 실현하고 싶은지 충분히 고민한 뒤에 천천히 설정하면 됩니다. 진로 목표를 이미 정했더라도 언제든 다양한 이유로 수정할 수 있어요. 목표를 위한 과정이나 방법 역시 계속해서 수정되거나 보완되어야 해요. 진로에 대한 고민은 당장 해결해야 하는 숙제가 아니라 수정하고 보완해 나가는 여정과 같으니까요. 진로 탐색은 '결과'가 아니라 '과정'이라는 사실을 기억해 두세요.

선생님의 답변을 읽고, 내가 민재라면 앞으로 어떤 목표와 계획을 세우면 좋을지 적어 봅시다.

_____

_____

_____

_____

_____

_____

4

절대 잊지 말아야 할 것, 행복!

버킷리스트, 살면서 꼭 이루고 싶은 소원

버킷 리스트(Bucket List)란 죽기 전에 한 번쯤은 이루고 싶거나 꼭 해 보고 싶은 소망들을 작성한 목록을 말해요. 아래 목록을 한번 살펴볼까요? 2007년 제작된 영화 〈버킷 리스트〉에서 두 주인공이 이루고 싶은 목록들이에요.

1. 장엄한 광경 보기
2. 모르는 사람들 도와주기

3. 눈물 날 때까지 웃기

4. 머스탱 셀비로 카레이싱하기

5. 정신병자 되지 말기

6. 스카이 다이빙하기

7. 가장 아름다운 미녀와 키스하기

8. 영구문신 새기기

9. 중국 홍콩 여행, 이탈리아 로마 여행, 인도 타지마할 보기,
   이집트 피라미드 보기

10. 오토바이로 중국 만리장성 질주하기

11. 세렝게티에서 사자 사냥하기

어떤가요? 여러분이 생각하는 소망과는 다르겠지요? 영화 속 주인공은 오로지 앞만 보고 살아 온 사람들이에요. 갑작스레 병을 얻게 되어 병원 생활을 하던 중 어느 날, 대학 신입생이던 시절 철학 교수가 죽기 전에 꼭 하고 싶은 일, 보고 싶은 것들을 적은 버킷 리스트를 만들어 보라고 했던 일을 떠올리게 됩니다.

그러다 노년이 되어 우연히 같은 병실을 쓰게 된 친구와 함께 '나는 누구인지' 돌아보고 정리할 필요를 느끼게 되었어요. 인생의 남은 시간을 자신을 돌보며 하고 싶던 일을 해

보기로 결심하게 되지요. 둘은 의사의 만류에도 불구하고, 자신들의 리스트를 행동으로 옮기게 됩니다.

사람마다 원하는 것이 다르고 꿈꾸어 오던 것이 다르겠지만, 버킷 리스트를 조금 더 의미 있게 채울 수 있다면 실현 가능성을 높일 수 있겠지요. 그렇다면 버킷 리스트는 어떻게 작성해야 할까요?

먼저 자신의 단기, 중기, 장기적인 목표를 각각 세워 보세요. 가능하면 과정과 결과를 구체적으로 작성하는 게 좋습니다. 그래야 실현할 확률도 높아지겠지요. 천천히 충분한 시간을 들여 작성해 보세요. 가족이나 친구 등과 같이 나에게 소중한 사람들을 위한 내용도 작성해 보세요. 그리고 무엇보다 생각했을 때 가슴 뛰는 일들을 작성하면 이루고 싶은 열망이 보다 더 강해질 거예요.

먼저 자신의 단기, 중기, 장기적인 목표를
각각 세워 보세요.
가능하면 과정과 결과를
구체적으로 작성하는 게 좋습니다.

행복을 만드는 우리의 일과 여가

일은 사람이 행하는 모든 육체적 또는 정신적 활동을 의미해요. 우리는 일을 통해 개인적으로는 삶의 의미를 찾거나 자아를 실현하게 되며, 사회적으로는 경제적 행위를 하고 자신이 속한 사회의 구성원으로 맡은 역할을 수행함으로써 사회의 유지 및 발전에 도움이 되도록 하지요. 이처럼 일은 생계와 관련된 경제 활동뿐 아니라 정서적, 사회적 의미를 포함합니다.

여가는 일이나 의무로부터 해방된 자유로운 시간에 하는 활동 및 휴식을 뜻해요. 여가는 휴식의 기능, 기분 전환의 기능, 자기 계발의 기능, 사회적 기능 등을 한답니다. 여기서 자기 계발은 자신의 잠재하는 슬기나 재능, 사상 등을 일깨우는 것을 말해요. 다시 말하면 여가는 개인적으로는 쉼과 놀이의 시간이면서 소질과 재능이 계발되고 배움을 얻는 시간이며, 사회적으로는 자유로운 관계 속에서 사회적 역할을 배울 수 있는 시간이라고 할 수 있어요.

열심히 놀고 잘 쉬는 것도 중요해

우리의 삶은 일, 여가, 개인의 성장, 관계(가족, 친구, 공동체) 등의 영역으로 구성되어 있어요. 이러한 네 가지 영역에 대한 시간과 관심을 적절히 배분할 때 삶의 질이 향상되지요. 행복한 삶을 위해서는 일과 여가의 조화가 필요해요.

혹시 번아웃(Burnout)이라는 용어를 들어봤나요? 어떤 직무를 맡는 도중 극심한 육체적, 정신적 피로를 느끼고 직무에서 오는 열정과 성취감을 잃어버리는 증상을 말해요. 이처럼 지나치게 일에 집중하면 삶의 여유나 활력이 부족해지기 쉽습니다.

또 반대로 여가만을 즐기면 경제적인 어려움을 겪을 수 있답니다. 그러므로 일과 여가는 균형과 조화를 이루어야만 해요. 시간과 정신적·신체적 에너지를 잘 나누어서 일과 여가가 독립을 유지하면서도 서로 긍정적인 영향을 미치도록 조절한다면 삶에 대한 만족도를 높일 수 있어요.

진로 활동

행복의 균형을 맞추는
하루 시간표

하루 중 일과 여가에 사용하는 시간을 살펴봅시다. 일과 여가는 내게 어떤 의미인지 또 일과 여가의 관계를 알아봅시다. 학생일 때의 일은 학습이라고 생각하고, 나의 일과 여가 시간을 구분하여 작성해 보세요.

1. 하루 동안의 나의 일과 여가 시간을 각각 적어 봅시다.

구분	내용	총 시간
일		

구분	내용	총시간
여가		

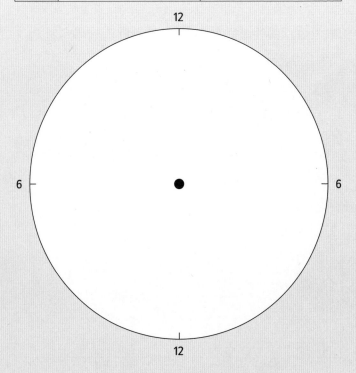

2. 내가 작성한 내용을 살펴보면서 나의 일과 여가는 균형과 조화가 잘 이루어졌는지 생각해 봅시다. 만약 그렇지 않다면 보완할 수 있는 방법을 적어 보세요.

_____

_____

_____

_____

_____

_____

_____

_____

_____

_____

_____

_____

_____

_____

_____

3. 일과 여가의 상호 관계를 이해하고 행복한 삶을 위한 실천 방안을 탐색해 봅시다. 내가 생각하는 조화롭고 행복한 삶은 무엇인가요? 행복한 삶을 위한 조건에 대해 생각해 봅시다.

_____

_____

_____

_____

_____

_____

_____

_____

_____

_____

_____

_____

_____

_____

_____

4. 위 항목에서 적은 내용을 참고하여 조화롭고 행복한 삶을 위하여 실천해야 하는 것들을 일과 여가와 관련해 적어 봅시다.

_____

_____

_____

_____

_____

_____

_____

_____

_____

_____

_____

_____

_____

_____

좋아하는 것이 너무 많아도
괜찮을까?

다음 강민이의 고민을 읽고, 나라면 어떻게 해결할 수 있을지 함께 생각해 봅시다.

Q 저는 관심 진로 분야가 많습니다. 건축가도 되고 싶고, 엔지니어도 되고 싶어요. 그런데, 그 분야들은 서로 공통점이 없어 고민입니다. 어떤 분야로 진로 목표를 설정하면 좋을까요?

A **"관심 진로 분야가 많다는 것은 장점이 될 수 있어요."**

관심 진로 분야가 많다는 것은 진로 목표를 설정할 때 많은 고민이 될 수 있겠지만, 앞으로는 오히려 장점이 될 수 있어요.

현대 사회는 융합적인 사고가 강조되는 4차 산업 혁명 시대입니다. 전혀 관련이 없을 것 같은 분야가 융합되어 새로운 결과를 만들어 내고, 이 영향으로 새로운 직업이 생기기도 하지요. 미래에는 한 분야보다는 다양한 분야에 관심을 가지고 준비하는 사람들이 더 경쟁력이 있을 거예요. 기술 공학에 관한 지식이 있는 건축가는 일반 건축가보다 훨씬 실용적인 건물을 지을 수 있을 테고요. 그러므로 걱정하기보다는 관심 진로 분야를 점차 확대해 보기를 권합니다.

Ⓐ "관심 진로 분야의 정보를 꾸준히 탐색하세요."

지금은 다양한 관심 진로 분야의 정보를 계속 탐색하면서 자세히 알아보는 과정이 필요하다고 생각합니다. 관심 진로 분야에 대한 깊은 이해는 폭넓은 사고를 가능하게 하니까요. 다양한 분야의 지식과 정보를 기반으로 넓게 생각하다 보면 새로운 아이디어가 떠오르기도 하고, 다른 분야와의 연결 고리를 찾을 수도 있답니다.

Ⓐ "단기적인 진로 목표와 계획부터 실행해 보세요."

사람은 각자 특성이 다르듯이 진로 목표를 정하고, 계획을 세우는 과정도 모두 다릅니다. 너무 조급하게 진로 목표를 정하려 하지 말고, 본인의 특성을 고려하여 단기적인 진로 목표와 계획부터 차근차근 실행해 나간다면 좋은 결과를 기대할 수 있을 거예요.

선생님의 답변을 읽고, 내가 강민이라면 앞으로 어떤 목표와 계획을
세우면 좋을지 적어 봅시다.

우리나라 최초의 필즈상 수상자,
수학자 허준이

수학자 허준이 교수님의 이야기를 읽고 다음 질문에 답해 봅시다.

현재 스탠퍼드 대학교 수학과에서 학생들을 가르치는 허준이 교수님은 탁월한 연구와 교육 활동으로 전 세계 수학계에서 매우 존경받는 인물이에요. 많은 수학자들이 골머리를 앓게 한 수학계의 어려운 문제들을 2022년까지 무려 열한 개나 해결하면서 수학 연구의 새로운 지평을 열었어요. 더 놀라운 사실은 이 열한 개의 문제를 마흔 살이 채 되기 전에 해결했다는 사실이에요. 수학자로서의 뛰어난 능력을 인정받아 2022년에는 40세 미만 수학자에게만 수여되는 필즈상을 한국인 최초로 수상하기도 했답니다. 수학계에서는 노벨상보다 받기 어려운 게 이 필즈상이라는 말이 있을 정도니 허준이 교수님의 위상이 실감되나요?

허준이 교수님은 대학교에서 물리학과 천문학을 공부한 후 대학원으로 가 본격적인 수학 공부를 시작했습니다. 이

후에는 국내외 여러 수학연구소의 연구원으로 재직하며 꾸준한 연구를 진행했습니다. 교수님은 문제가 아무리 어려워도 포기하지 않는 끈기는 물론이고, 늘 창의적이고 혁신적인 방법으로 수학 문제에 접근한다고 하는데요. 이 과정에서 새로운 문제 풀이 방법이 다양하게 개발되었다고 합니다. 단순히 정답을 맞히는 데에 그치지 않고 풀이 과정에서 의미 있는 발견을 해 나간 것이지요.

또, 허준이 교수님은 수학 외에 다른 학문과의 교류를 두려워하지 않았다고 해요. 수학 문제를 풀면서도 천문학 공부를 하며 익힌 지식, 물리 공부를 하며 얻은 지식을 적극적으로 활용했다는 뜻이죠. 뿐만 아니라 다른 연구자들과도 적극적으로 의견을 나누며 더 넓은 시각에서 문제를 바라보기 위해 노력했다고 합니다. 수학자라고 하면 왠지 혼자 책상 앞에 앉아 종일 연구에 몰두할 것 같은 이미지인데, 정말 의외죠? 이처럼 편견을 깨는 교수님의 노력 덕분에 교수님은 '수학계의 노벨상'이라 불리는 필즈상을 수상해 세계가 공인하는 수학자의 자리에 올랐습니다.

Q 수학자가 되기 위한 방법을 조사하여 적어 봅시다.

_____

_____

_____

_____

_____

_____

_____

_____

_____

_____

_____

_____

_____

_____

_____

_____

_____

Q 수학자에 적합한 특성은 무엇인지 적어 봅시다

_____

_____

_____

_____

_____

_____

_____

_____

_____

_____

_____

_____

_____

_____

_____

_____

Q 나의 특성을 고려하여 수학자라는 직업에 관한 생각을 적어 봅시다.

_____

_____

_____

_____

_____

_____

_____

_____

_____

_____

_____

_____

_____

_____

_____

_____

_____

어제 카페에서 AI 로봇이 커피 만드는 것을 봤어. 너무 신기하더라.

 정말? 음…, 그럼 카페 직원은 이제 없어지는 걸까?

설마. 말도 안 돼. 반복적이고 간단한 업무만 로봇이 하는 거겠지.

 그랬으면 싶어. 카페 직원분이 케이크도 맛있게 만들어 주었거든.

꿈이 레벨-업 되는
최고의 길을 만들어라!

++LEVEL UP

드넓은 세상의 크기만큼이나 직업의 세계 역시 무궁무진합니다. 지금 이 시간에도 직업의 세계는 다양한 요인으로 변화하고 있어요. 새로운 직종이 탄생하고, 또 사라져 가는 직종도 있지요. 기술이 발달하면서 시시각각 세상이 변하고 있어요. 변화하는 세상에 대비하기 위해서는 직업 세계가 변화하는 다양한 요인을 알아볼 필요가 있습니다. 내가 관심 갖는 분야의 정보를 살피고, 새로운 진로를 개척한 창업가를 탐색하다 보면 미래 사회에 적응할 수 있는 힘을 스스로 기를 수 있을 거예요.

1

더 멋진 어른으로 만들어 줄
미래의 직업들

바쁘다 바빠 현대 사회!

세상에 변하지 않는 것이 있을까요? 세상의 모든 것은 빠르게 변하고 있어요. 이처럼 변화하는 세상을 우리는 어떻게 받아들여야 할까요?

우리나라의 대표적인 경영학자인 서울대 김병도 교수님의 이야기를 잠깐 해볼게요. 교수님은 하루가 다르게 변화하는 시대를 살아가기 위해서는 우리에게 세 가지 자세가 필요하다고 말씀하셨어요.

첫째, 빠르게 변화하는 시대를 살아가기 위해서 변화를 받아들여야 합니다. 자고 나면 변하는 세상 속에서 변화를 거부한다는 것은 세상에 적응하지 못하고 사라지는 것을 의미해요. 텔레비전이나 종이 신문 대신 휴대폰으로 뉴스를 검색하고, OTT 서비스를 통해 각종 미디어 콘텐츠를 즐기는 세상의 변화를 인정하지 않는다는 이야기와 다름없습니다. 계속해서 종이 신문 광고만을 고집한다거나, 사람을 직접 만나는 서비스만 강조하는 기업과 개인은 더 이상 살아남기가 어려울 거예요.

둘째, 변화하는 시대를 살아가기 위해서는 먼저 자신이 변화를 적극적으로 이끌어야 합니다. 어차피 모든 것이 변화한다면 가만히 변화를 당하지 말고 자신이 변화를 이끄는 주인공이 되라는 이야기이지요.

누구나 할 수만 있다면 자신이 변화를 이끄는 사람이 되고 싶어 하지 않나요? 하지만 변화의 주인공이 되기 위해서는 남들이 가지 않는 위험한 가시밭길에서의 괴로움을 받아들여야 합니다. 아무도 가지 않은 길을 개척하는 일은 아무나 할 수 있는 일이 아니기 때문이지요.

셋째, 변화하는 시대를 살아가기 위해서는 변화에 대비해 항상 준비해야 합니다. 이는 변화에 대한 적응력을 키우는 것을 의미해요. 평소 감기에 걸리지 않도록 손을 자주 씻고, 건강 관리를 열심히 하지 않나요? 이런 노력에도 감기에 걸렸다면, 충분한 휴식과 필요한 약을 복용하여 지속 기간과 정도를 최소화할 수 있어요. 감기는 누구나 걸릴 수 있지만 평소 생활 습관에 따라 저마다 회복 속도가 다릅니다. 그에 대비하기 위해서는 변화에 대한 적응력을 키우는 것이 필요합니다. 예상치 못한 변화가 일상이 된 세상, 여러분은 빠르게 변화하는 시대를 살아갈 준비가 되어 있나요?

하루하루 더 넓어지는 직업의 세계

얼마 전에 한 영상을 보다가 깜짝 놀랐지 뭐야. 나의 '최애' 아이돌이 내 이름을 부르면서 나한테 안부를 묻는 거야. 너무 신기했는데 한편으로는 이상하고 얼떨떨한 기분이 들었어. 알고 보니 딥페이크(Deepfake)라는 기술로 만든 영상이라는 거야.

딥페이크는 영상이나 사진 속 인물의 얼굴을 다른 사람의 얼굴로 덮어씌우는 기술이라고 해. 이미 존재하는 특수 효과나 컴퓨터 그래픽보다 훨씬 정밀하고 교묘한 기술인데, 얼굴을 다른 사람의 얼굴로 대신하거나 목소리를 바꿔 합성해 사실처럼 만들

수 있대. 정말 감쪽 같아서 구분하기도 어렵더라!

이렇게 과학 기술이 발전하면서 인공지능(AI) 기술도 나날이 발전하고 있다고 해. 그동안의 인공지능은 검색을 도와주고, 알고리즘에 따라 알맞은 결과물을 추천하는 일을 주로 했다면, 이제 생성형 인공지능이 등장하고 있대. 생성형 인공지능은 텍스트, 오디오, 이미지 등 기존 콘텐츠를 활용해 비슷한 콘텐츠를 새롭게 만들어 내는 인공지능 기술을 말해. 사람의 명령에 따라 글을 쓰고 그림을 그리며, 노래를 작곡하는 등의 기능도 가능하게 되었어. 그러고 보니 오늘 엄마와 아빠와 함께 점심 먹은 음식점에서는 주문도 로봇이 하고, 서빙도 로봇이 하는 곳이었네. 세상에나!

직업 세계는 과학기술의 발전, 저출생, 고령화, 기후 변화, 세계화, 다문화 등과 같은 다양한 사회 변화 요인의 영향을 받아 변화하고 있어요. 다양한 요인이 복합적으로 작용하면서 과거에 있었던 직업이 사라지기도 하고, 과거에는 없었던 새로운 직업이 생겨나기도 합니다.

생각해 보세요. 오늘날 우리 주변의 많은 식당에서 직원 대신 키오스크를 이용해 주문을 받고 계산을 한답니다. 키오스크를 사용하는 일이 이제는 너무나 익숙해지지 않았나요? 처음 등장할 때만 해도 신기한 기계였는데 말이지요. 이 키오스크의 등장으로 무인 아이스크림 가게, 무인 카페와 같이 다양한 무인 가게가 등장하게 되었어요. 그 과정에서 서빙을 하고 계산을 도와주던 계산원은 자연스럽게 점점 줄어들고 있지요. 마찬가지로 새로운 기술의 발달로 고객 상담원과 안내원, 생산 및 제조 공장에서 일하는 사람들, 번역가와 통역사 등의 직업군이 점차 줄어들고 있습니다.

한편으로는 새로운 기술의 발달로 새롭게 생겨나는 직업도 있어요. 바로 사물 인터넷 전문가, 인공지능 전문가, 자율 주행 자동차 개발자, 클라우드 엔지니어, 빅데이터 전문가 등과 같은 직업들이 새로 생겨난 직업입니다. 모두 IT 기술의 발달로 급속도로 생겼어요.

또 기존의 직업이 신기술과 합쳐져 새로운 직업으로 재탄생되기도 하는데요. 의료와 빅데이터, IT 기술을 모두 합쳐서 활용하는 의료 정보 분석사와 마케팅 업무와 IT 기술이 결합된 공유 플랫폼 운영자 등이 직업의 세계에 등장하고 있습니다. 이처럼 직업의 세계는 과거부터 현재까지 계속해서 변화해 왔고, 지금도 변화하고 있는 중이에요. 탐색하면서 진로를 준비하길 권합니다.

내일은 어떤 직업이 우리를 기다릴까?

미래에는 디지털, 바이오, 물리학 등 4차 산업 혁명의 핵심 기술 영역이 빠르게 발전하면서 직업 세계에 많은 변화가 일어날 것으로 보여요. 사람의 업무를 로봇이 대체하는 분야는 점점 늘어나고, 인공지능, 사물 인터넷, 유전 공학, 로봇 공학과 같은 첨단 산업 관련 직업은 증가하게 될 것으로 예상됩니다.

더욱이 저출생과 고령화로 인한 인구 구조의 변화는 직업 세계를 변화시키고 있어요. 여성 한 명이 평생 동안 낳을 것으로 예상되는 평균 출생아 수를 '합계 출산율'이라 하는데, 우리나라의 합계 출산율은 2015년을 기점으로 그 수치가 점점 낮아지고 있답니다. 더군다나 2022년 기준 합계출산율은 0.77명이라고 해요.

반면 의료 기술의 발달로 전체 인구 대비 고령 인구의 비중은 증가하고 있어요. 그래서 미래에는 노인을 위한 상품을 제조 및 판매하거나 의료·복지 시설을 세우는 것과 같은 실버산업에 대한 관심과 투자가 증가할 것으로 보입니다.

점점 심각해지는 기후 변화도 직업 세계를 변화시키는 데 영향을 미치고 있습니다. 기후 위기 때문에 전 세계적으로 탄소 중립 및 온실가스 감축을 위한 글로벌 협력이 강화되고 있어요. '탄소 중립'이란 기업이나 개인이 발생시킨 이산화탄소 배출량만큼 이산화탄소 흡수량도 늘려 실질적인 이산화탄소 배출량을 '0'으로 만드는 일을 말합니다. 친환경 산업에 대한 관심이 커지고 있다는 것을 의미하는데, 이는 기업의 경영 방식에 영향을 주고 있습니다. 이 외에도 국가 간 장벽이 낮아지고 인적 및 물적 교류가 점점 더 활발해지면서 세계화 및 다문화 사회로의 변화 속도가 빨라지고 있어요. 이렇듯 우리가 마주하는 사회적 현상과 자연적 현상의 변화는 모두 직업 세계에 영향을 주고 있습니다.

자, 그럼 정리해 볼까요? 우리가 살고 있는 세상은 인간과 기계의 역할이 변화하고, 현실 세계와 가상 세계가 서로 관계를 맺어 하나로 합쳐지며, 스마트 기술을 활용하면서 기술의 수준이 점점 높아지고 있어요.

경제와 사회적인 환경으로는 고연령층과 여성 인력이 증가하고, 삶의 질을 중요하게 생각하면서 고부가 가치 산업이 발전하고 있고요. 또 기후 변화와 에너지 위기라는 상황을 마주하고 있는 상황입니다. 자연스럽게 미래의 일자리도 변화하는 환경에 맞춰 바뀌는 것이지요. 사회 환경, 기업의 문화, 고용 환경, 산업 구조, 노동 환경 등 미래 일자리의

미래 일자리 환경 변화 트렌드

사회 환경
◈
가치와 지식 창출을 위한 휴먼 네트워크 강화

기업 문화
◈
기업, 직장에서 직업 매개체로의 변화

고용 환경
◈
일자리 양극화와 데이터 기반 인적관리 강화

산업 구조
◈
자가 고용과 창조 서비스업의 증가

노동 환경
◈
언제 어디서나 일할 수 있는 유연한 업무 환경

참고
미래창조과학부 미준비위원회 외, 『10년 후 대한민국, 미래 일자리의 길을 찾다』,
지식공감, 2017

환경이 그에 맞추어 크게 변하게 될 거예요.

쉿, 기술은 지금도 진화 중

요즘 유튜브나 뉴스에서 인공지능을 활용하여 가짜 뉴스, 여론 조작, 여론 편집 등과 같은 사건이 일어나는 것을 자주 접하곤 해요. 그만큼 기술이 발달하면서 현실과 가상의 세계를 구분하기 어렵게 되었다는 얘기이겠지요. 이처럼 발전된 기술은 어떻게 활용하느냐에 따라 그것이 좋은 결과를 주기도 하고, 나쁜 결과를 주기도 한답니다. 그러한 의미에서 미래에는 가짜 뉴스를 탐색해 그것이 진짜인지 가짜인지 구분하는 기술이 중요하게 발달하지 않을까 싶어요.

또 어떤 기술이 미래에 중요해질까요? 인스타그램, 틱톡처럼 '소통'을 목적으로 하는 플랫폼이 우리 생활에 상당한 부분을 차지한 만큼 IT 기술을 활용한 소통 플랫폼 역시 유망한 기술로 떠오르지 않을까 싶습니다. 이 같은 인공지능과 메타버스 등의 기술을 활용한 소통 플랫폼은 세대 간 소통, 사회적 소통 채널 등으로 다양한 활용이 가능하겠지요.

고도로 발달한 기술만큼 요즘은 비트코인, 전자지갑 등

디지털 자산을 대상으로 하는 금융 범죄가 발생하는 뉴스를 쉽게 찾아볼 수 있어요. 그만큼 범죄를 미리 방지하고 예측하는 기술이 미래에 많은 주목을 받을 것으로 보입니다. 인공지능 기술을 활용한 금융 범죄를 예측하고 은행 직원의 횡령과 같은 사회적 문제를 해결하는데 중요한 역할을 할 거예요.

그밖에도 인공지능, 빅데이터를 활용해 개인 맞춤형 문해력을 향상하는 기술, 메타버스 게임 등에서 발생 가능한 성범죄를 예방·탐색·판별하는 가상 세계 성범죄 예방 및 판별 기술, 불안감과 우울감이 높은 사람들을 위한 정신 건강 증진용 디지털 치료, 블록체인 기술을 활용한 차세대 보안 기술 등을 우리 사회가 필요로 하지 않을까요? 다가올 미래에는 빠르게 발전하는 기술에 대비하는 것이 점차 중요해질 거예요. 급속도로 성장한 기술만큼 모자라거나 부족한 것을 보충하는 기술 또한 중요해지겠지요.

진로 활동

직업의 어제와 오늘,
그리고 내일

　직업의 변화를 알아봅시다. 시대에 따른 직업의 변화를
탐색함으로써 직업 세계의 변화를 이해해 보세요.

1.　다음은 옛날에는 있었지만, 오늘날에는 거의 사라져 보기 힘든
　　직업들입니다. 이 직업의 하는 일, 사라진 이유, 이 직업과 관련
　　된 오늘날의 직업을 조사하여 적어 봅시다.

물장수

（하는 일）　_____

_____

（사라진 이유）　_____

_____

（물과 관련된 오늘날의 직업）　_____

_____

인력거꾼

하는 일
_____

_____

사라진 이유
_____

_____

물과 관련된 오늘날의 직업
_____

_____

전화 교환원

하는 일
_____

_____

사라진 이유
_____

_____

물과 관련된 오늘날의 직업
_____

_____

극장 간판 화가

하는 일 _____

_____

사라진 이유 _____

_____

물과 관련된 오늘날의 직업 _____

_____

2. 직업의 변화를 조사하면서 느낀 점을 적어 보세요.

_____

_____

_____

_____

_____

_____

_____

_____

3. 사회 변화 요인이 직업 세계에 미치는 영향을 살펴봅시다. 다음
은 사회 변화 요인과 관련된 제품이나 정책입니다. 제품이나 정
책의 효과와 관련된 직업을 적어 보세요.

사회 변화 요인	제품 또는 정책	제품 또는 정책의 효과	관련 직업
고령화	노인 보행 보조기	예 거동이 불편한 고령층의 보행을 보조할 수 있다.	예 인공 장기 개발 전문가, 치매 예방 프로그램 개발자 등
기후 변화	전기 자동차		
과학기술의 발전	VR 기기		

다문화	다문화 가정 한국어 교육 정책		
저출생	출산 장려 정책		

4. 나의 관심 직업 분야는 사회 변화 요인에 의해 앞으로 어떻게 변화할지 글로 적어 봅시다.

나의 관심 직업 분야는 ＿＿＿＿＿＿ 이다.

영향을 미치는 사회 변화 요인

과학기술의 발전

저출생과 고령화

기후 변화

세계화

다문화

나의 관심 직업 분야는 다음과 같이 바뀔 것이다.

_____

_____

_____

_____

_____

_____

_____

_____

_____

_____

_____

_____

2
다양한 꿈들을 이어
진로의 지도를 만들자

사람들은 각자의 목표를 가지고 자신만의 길을 걸어갑니다. 그 길은 시원하게 뚫린 고속도로일 수도 있고, 한적한 오솔길일 수도 있으며, 때로는 울퉁불퉁한 자갈길일 수도 있어요. 가끔은 장애물에 가로막혀 되돌아 나와야 하는 길도 있겠지요. 꿈으로 가는 길은 그 선택지가 헤아릴 수 없을 정도로 너무나 다양해요.

여러분은 어떤 목표를 가지고 있나요? 특별한 목표가 없다고 해도 부끄럽다거나 좌절할 필요가 전혀 없습니다. 좋아하는 것이 하고 싶은 일로 바뀔 수도 있고, 우연히 접하게 된 취미생활에 흥미를 느껴 일상이 바뀔 수도 있으니까요. 여기 자칭 '빵순이'라고 하는 진희의 이야기를 한번 만나볼까요?

자타공인 '빵순이'인 나는 동네마다 유명한 빵집을 다니는 게 가장 큰 즐거움이야. 갓 나온 빵 냄새가 얼마나 좋은지, 빵을 좋아하는 사람들이라면 모두 공감할 거야. 언제부터 빵을 좋아하는지 모를 만큼 빵을 생각하는 일은 내게 자연스럽고 당연한 것처럼 여겨져. 그렇게 빵을 좋아하다 보니, 빵을 맛보는 것뿐만 아니라 만드는 데도 관심이 생겼어. 원데이 클래스를 통해 스콘을 한 번 만들어 봤는데 정말 재미있더라고. 그래서 미래에 제빵사가 되면 좋겠다고 생각하게 되었어.

그런데 제빵사가 되기 위해서는 어떤 경로를 거쳐야 할지 고민 중이야. 일반 고등학교에 진학해 제과제빵학원을 다니는 경우도 있고, 특성화 고등학교에 진학해 제빵 관련 자격증을 준비하는 것도 좋을 것 같아. 제빵사가 되기 위한 과정은 생각보다 다양하더라. 다양한 길만큼 내 앞에 펼쳐진 길이 무엇이 있는지 꼼꼼하게 살펴서 멋진 제빵사가 되도록 노력할 거야.

'빵순이' 진희는 꿈을 찾은 것 같나요? 꽤나 구체적으로 자신의 꿈인 제빵사가 되기 위해서 다양한 길을 적극적으로 찾아보고 있네요. 단순히 빵을 좋아하다가 '제빵사'라는 목표가 생기다니 흥미롭네요. 목표를 이루기 위해 다양한 길을 찾고 있는 모습이 기특하기도 합니다.

앞으로 삶의 방향을 뜻하는 진로와 진로를 향해 지나가는 길을 뜻하는 경로를 합쳐 이를 진로 경로라고 합니다. 자신이 살고 싶은 삶을 향해 지나가는 길을 의미하지요.

정확한 목적지에 도착하기 위해서는 자신이 가고자 하는 곳이 어디인지 알고 있어야 해요. 이와 마찬가지로 자신의 진로 경로를 찾기 위해서는 먼저 스스로 삶의 목표가 무엇인지를 알아야 한답니다. 삶의 목표는 자신의 특성을 탐색하고, 다양한 체험 활동을 통해 구체화할 수 있어요.

우리의 꿈은 어느 길로든 갈 수 있지

진로 경로는 다양합니다. 삶의 목표를 향하는 길은 하나만 존재하지 않아요. 사람들마다 목표로 정한 삶의 방향과 저마다 마주한 상황이 다르고 그에 따라 지나가는 길도 다르기 때문이지요. 그래서 같은 직업을 가지고 있다 하더라도 사람마다 진로 경로는 다를 수 있습니다.

진로 경로는 언제든지 변경할 수 있어요. 사회 변화에 따라 기존의 경로가 사라지기도 하고, 경로가 생겨나기도 하며, 예전에는 알지 못했던 경로를 찾을 수도 있기 때문이지요. 또 자신이 생각했던 진로 경로로 더 이상 나아갈 수 없는 상황이 생기거나, 진로 목표의 변경으로 진로 경로를 새롭게 탐색해야 할 때도 있어요. 그러므로 개방적이고 유연한 태도로 진로 경로를 다양하게 탐색하여 미래 직업 세계에 대한 적응력을 높이도록 해야 해요.

이번에는 과학 수사 요원이 되고 싶은 윤아의 이야기를 들어볼게요.

일반 중학교를 다니는 윤아는 과학 수사 요원이 되기 위해서 다양한 경로를 생각했다고 해요. 먼저 윤아가 과학 고등학교에 진학한 다음 대학에서 의학을 전공하는 경우입니다. 해부학 등을 공부해 국립과학수사연구원이 되거나 대검찰청 과학수사대에서 일하는 미래의 모습을 그려 봤어요.

일반 고등학교에 진학해 경찰 대학교에 진학하는 경우도 있어요. 대학원에 진학한 후 경찰이 되어, 윤아가 희망하는 과학수사대에 배정받을 수도 있겠지요. 또 일반 고등학교에 진학해 좋아하는 것을 전공한 후 경찰 공무원이 되기 위해 시험을 볼 수도 있습니다.

이처럼 과학 수사 요원이 되는 길은 딱 한 가지 길만 있는 것이 아니에요. 분명하고 확실한 목표만 있다면 그 꿈을 이루기 위해서는 다양한 경로가 있다는 것을 결코 잊지 마세요.

개방적이고 유연한 태도로
진로 경로를 다양하게 탐색하여
미래 직업 세계에 대한
적응력을 높이도록 해야 해요.

나와 꿈을 연결하는
여러 갈래의 길

진로 경로의 의미를 이해하고, 진로 경로의 특성을 이해해 봅시다. 또 진로 경로 고민 사례를 통해 진로 경로의 가변성(일정한 조건에서 변할 수 있는 성질)을 이해해 봅시다.

1. 카이스트의 로봇공학자 오준호 교수의 진로 경로를 중심으로 다음의 글을 읽어 봅시다.

> **사례 1** 오준호 교수는 어려서부터 기계를 좋아했다. 나무토막과 전기 모터를 이용해 소형 모터보트와 소형 비행기를 만들었으며, 집 옥상에서 로켓 발사 실험을 하다가 폭발 사고를 경험하기도 했다.
>
> 학교 공부에는 크게 관심이 없었다. 자신의 취미인 기계 만들기에 필요한 수학과 과학은 열심히 했지만 다른 과목은 관심 밖이었다. 오준호 교수가 공부를 시작한 건 고등학교 2학년 때부터였다. 과학자가 되기 위해서는 싫어하는 과목의 공부도 열심히 해야 한다는 것을 알게 되었고, 그때부터 공부하기 시작했다. 그렇게 공부하다 보니

고등학교 3학년 무렵엔 어느새 학교에서 내로라하는 학생이 되어 있었고, 자신이 가고 싶어 했던 대학의 기계 공학과에 진학할 수 있었다.

이후 대학원에서 석사과정을 마치고 '한국원자력연구원'의 연구원으로 취업해 원전용 제어·계측 시스템을 개발했다. 오준호 교수는 원자력 연구도 중요하고 가치가 있는 일이지만, 대학 교수가 되어 스스로 연구하고 싶은 주제를 정해 마음껏 연구하고 싶었다. 그래서 미국 캘리포니아 대학교에서 박사 과정을 시작했다. 박사 과정 때도 전공은 기계 공학이었고, 그중에서도 로봇 제어 분야에 특히 흥미를 느꼈다.

대학원을 졸업하고 오준호 교수는 카이스트 교수 임용 시험에 합격한 이후로 지금까지도 로봇 개발에 매진하고 있다. 주로 사람의 신체와 비슷한 형태를 지닌 휴머노이드 로봇을 개발하고 있으며, 현재는 카이스트 휴머노이드 로봇 연구 센터 소장을 역임하고 있다.

2. 오준호 교수의 진로 경로를 정리해 봅시다.

_____

_____

_____

_____

_____

3. 다음 두 친구의 이야기를 읽고 주인공의 고민을 해결할 수 있는
   진로 경로를 조사하여 적어 봅시다.

   사례 1 난 건축가가 되는 것이 꿈이야. 그런데 가정 형편이 어려
   워서 고등학교를 졸업하고 취업을 해야 할 것 같아. 고등
   학교를 졸업 후 바로 취업을 하려면 어떤 유형의 고등학
   교에 진학해야 할까?

   _____

   _____

   _____

   _____

   _____

   _____

   _____

   _____

   _____

   _____

   _____

   _____

사례 2 난 초등학생 때부터 축구부에서 꾸준히 축구를 했었고, 나중에 축구 선수가 되는 게 꿈이었어. 그런데 얼마 전에 다리를 크게 다쳐서 더 이상 축구를 할 수 없게 되었어. 축구 선수가 아니더라도 축구와 관련된 일을 하고 싶은데 어떻게 해야 할까?

_____

_____

_____

_____

_____

_____

_____

_____

_____

_____

_____

_____

_____

4. 위의 두 가지 진로 경로를 조사하면서 느낀 점을 적어 봅시다.

_____

_____

_____

_____

_____

_____

_____

_____

_____

_____

_____

_____

_____

_____

_____

_____

_____

3 흥미진진 진로 탐색 대모험

잊지 말고 챙겨야 할 진로 탐색 준비물

지우: 무슨 생각을 그렇게 오래해? 고민 있니?

경진: 사실은 진로 목표를 정하고 싶은데 아직 정하지 못했어. 다른 친구들은 벌써 정해서 꿈을 향해 나아가고 있는데, 나는 그렇지 않거든. 답답하고 불안해. 너는 정했어?

지우: 응, 나는 동물을 좋아해서 수의사가 꿈이야. 어렸을 때부터 반려견 뭉치랑 함께 살면서 점점 관심이 커졌거든. 네가 관심이 있거나 좋아하는 분야를 먼저 생각해 봐.

경진: 음… 난 웹툰 보는 것을 좋아하니까… 만화 작가가 되면 좋을 것 같아. 포털 사이트에 연재도 하고, 전시도 하고, 내가 직접 만든 캐릭터로 상품도 만들고 말이야. 그런데 그 전에 만화 작가가 하는 일이나 만화 작가가 되는 방법 등을 알아야 하지 않을까?

지우: 좋은 생각이야. 우리 같이 만화 작가에 대한 정보를 찾아보자. 인터넷이나 다양한 매체를 이용하면 손쉽게 정보를 얻을 수 있을 거야.

여러분은 지우처럼 진로 목표를 확실하게 갖고 있나요? 아니면 경진이처럼 진로 목표를 정하지 못했나요? 진로 목표를 정했어도 혹은 정하지 못했어도 진로에 대한 다양한 정보를 많이 갖고 있다면 자신이 진로를 설정하고, 목표를 향해 나아가는 데 큰 도움이 될 거예요. 무엇보다 다양하고 구체적인 진로 정보를 갖고 있을수록 진로를 선택하는 데 유용하답니다.

진로 정보란 직업 정보, 교육 정보, 개인적·사회적 정보 등 앞으로 자신이 살아갈 삶의 길과 관련된 정보를 의미해요. 직업 정보는 직업이 하는 일, 근무 조건, 보수, 자격 및 학력 요건, 미래 전망 등에 관한 정보이며, 교육 정보는 상급

학교의 교육과정, 입시 정보, 진학 자료 등의 정보입니다. 개인적·사회적 정보는 흥미, 적성, 가치관 등을 바탕으로 한 자기 이해를 위한 정보와 자신을 둘러싼 사회적 환경에 대한 정보를 모두 포함한답니다.

우리를 도와줄 다양한 진로 멘토

진로 정보는 신문이나 서적, 방송 프로그램 등 다양한 매체를 통해 탐색할 수 있어요. 그러나 이렇게 수집한 진로 정보가 모두 가치 있는 것은 아니랍니다. 만들어진 시기가 너무 오래된 정보는 현실을 반영하지 못하며, 어떤 정보는 객관적이지 못한 정보를 담고 있을 수도 있기 때문이지요. 그래서 가치 있는 진로 정보에 대한 판단 기준을 세우고 다양한 방법으로 진로 정보를 탐색하는 것이 중요해요.

진로 정보가 갖추어야 할 요소는 총 네 가지가 있어요. 첫 번째로는 최근에 나온 정보인지 파악할 것(최신성), 두 번째로는 믿을 만한 기관에서 제공한 정보인지 살필 것(신뢰성), 세 번째로는 정보의 내용이 구체적인지 파악하는 것(구체성), 마지막으로 정확한 정보인지 파악하는 것(정확성)입니다. 나에게 알맞은 진로 정보가 있다면 이 네 가지 요소를 잘 따져 보아요.

진로 정보를 탐색할 때는 간접적으로 매체를 이용하는 방법을 손쉽게 할 수 있어요. 각종 진로 정보 사이트와 더불어 인터넷 검색 및 다양한 매체 이용하고, 신문이나, 서적, 방송 프로그램 이용하는 것이지요.

예를 들면 커리어넷(http://www.career.go.kr)에서는 직업 백과, 미래 직업, 직업인 인터뷰 등의 직업 정보와 학과 정보, 학교 정보 등의 교육 정보 검색할 수 있는 서비스를 제공하고 있어요. 워크넷(http://www.work.go.kr)에서는 직업 정보와 교육 정보를 얻을 수 있지요.

직접적으로는 부모님, 선생님, 진로 상담 전문가, 선배 등과 이야기를 하거나 직업 현장을 방문하는 체험을 할 수도 있어요. 그밖에도 직업 박람회, 진로 특강, 진로의 날 행사 등에 참여하는 방법도 있답니다.

진로 정보를 탐색할 수 있는 사이트

 서울진로진학정보센터 http://www.jinhak.or.kr
전국 시·도 교육청별로 진로진학센터가 있어요. 해당 교육청의
진로진학센터 홈페이지에서 직업 정보 및 교육 정보 검색이 가
능합니다.

고용노동부 HRD-Net http://www.hrd.go.kr
직업 정보와 교육 정보를 얻을 수 있어요.

 한국직업방송 http://www.jobplustv.or.kr
진로, 직업 관련 방송 프로그램을 시청할 수 있어요.

원격영상 진로멘토링 http://mentoring.career.go.kr
진로, 직업 관련 수업 영상 및 멘토 영상 시청할 수 있어요.

 학교알리미 http://www.schoolinfo.go.kr
전국 학교 정보에서 학교별 공시 정보, 내 주변 학교 정보 등의 교
육 정보 검색이 가능해요

고입정보포털 http://www.hischool.go.kr
고등학교 유형별 입시 정보, 학교 정보 조회 등의 교육 정보를
검색할 수 있어요.

 하이파이브 http://www.hifive.go.kr
특성화 고등학교와 마이스터 고등학교에 대한 교육 정보를 검
색할 수 있어요.

돈을 마음껏 벌 수 있는
직업은 뭘까?

다음 승주의 고민을 읽고, 나라면 어떻게 해결할 수 있을
지 함께 생각해 봅시다.

Q 저는 돈을 많이 벌고 싶어요. 연봉을 많이 받는 직업을 갖기 위
해서는 어떻게 해야 할까요?

A "다양한 직종의 평균 연봉을 알려 줄게요."

커리어넷의 직업백과나 워크넷의 한국직업정보의 조건
별 검색에 연봉을 입력하면 연봉이 높은 직업 순으로 안
내해 줍니다. 예를 들면 의사, 항공기조종사, GIS 전문가,
투자분석가 등이 높은 연봉을 받는 직업으로 제시되어
있어요.

하지만 제시되는 연봉은 해당 직업의 평균 연봉입니다.
같은 직업에 종사하더라도 각자의 능력과 경험, 자격 등
에 따라 연봉이 다릅니다. 평균 연봉이 높은 직업을 선택

한다고 해서 반드시 자신이 돈을 많이 벌 수 있다고 생각해서는 안 됩니다.

Ⓐ "그 직업이 내가 좋아하는 일인지 생각해 보세요."

물론 연봉이 높은 직업이 자신이 희망하는 일이라면 그 직업을 선택하는 것이 당연하겠죠. 그런데 좋아하지 않는 일이라면 그 직업에서 자신의 능력을 잘 발휘할 수 있을까요? 그래서 돈을 많이 벌 수 있을까요? 돈을 많이 벌 수 있다고 해도 그 직업은 돈을 버는 수단이지 직업을 통한 다른 의미를 찾기는 어려울 것입니다.

반면 평균 연봉이 높게 제시되지 않은 직업 분야라도 전문가로 성장하게 되면 높은 연봉을 받을 수 있습니다. 자신이 좋아하는 일을 하게 되니 일에 대한 만족도도 높아지겠죠?

Ⓐ "여러 가지 고려 사항을 하나하나 체크하면서 차근차근 진로를 설정해 보세요."

직업을 선택할 때는 연봉뿐만 아니라 자신의 진로 특성과의 조화, 직업의 근무 여건 등 고려해야 할 요소가 많이 있어요.

'나는 평소에 무엇을 할 때 즐겁지?' 내가 '잘하는 것은 무엇일까?', '관심 있는 직업은 무엇일까?', '왜 그 직업에 관심이 생겼을까?' 등 스스로 질문을 하고 답변을 정리해 보세요. 그렇게 차근차근 진로를 설정하기를 바랍니다.

선생님의 답변을 읽고, 내가 승주라면 앞으로 어떤 목표와 계획을 세우면 좋을지 적어 봅시다.

_____

_____

_____

_____

_____

_____

_____

_____

4

나의 경험 속에도 진로가 숨어 있어

> **내 안의 가능성을 알아보는 매직아이**

어린 시절 나는 놀이터에 가는 것을 좋아했어. 모래 위에 구름 도 그리고, 자동차도 그리면서 마음껏 그림을 그렸지. 내가 그림 을 그리고 나면, 내 뒤로 친구들이 구경하고 있었어. 어떤 친구 는 인형을 그려 달라고 하고, 또 다른 친구는 로봇을 그려 달라 고 했어. 그렇게 나는 그림 그리는 재미를 알아갔지.

그런데 학교에 진학하면서 어른들이 내게 말하더라. 보아 뱀의 내부인지 외부인지는 중요치 않다고 하면서 그림 따위는 집어

치우고 공부나 열심히 하라고 충고하더군. 그게 바로 내가 일곱 살이라는 어린 나이에 경험한 첫 번째 좌절이었어. 화가라는 멋진 직업을 가질 수 있었던 가능성을 포기하게 된 이유였지.

이제 중년이 되어 너희들에게 얘기하고 싶은 건 어른들의 충고보다는 스스로 무엇을 즐겁게 할 수 있는지 그 길을 먼저 찾으라는 거야. 그렇게 나만의 길을 찾기 위해서는 시간과 경험이 절대적으로 필요하단다. 다양한 배움과 경험을 통해 좋아하는 일, 하고 싶은 일을 찾기를 바란다.

인생은 매 순간 배움과 경험의 연속입니다. 의미 있는 배움과 경험은 우리를 성장하게 하는 원동력일 뿐만 아니라 청소년기의 진로 고민을 해결하는 단서가 되어 주지요.

청소년기의 진로 고민은 '어떤 학교에 진학할 것인가?', '무엇을 전공할 것인가?', '어떤 직업을 선택할 것인가?' 등이 가장 많을 거예요. 이러한 청소년기의 진로 고민을 해결하기 위해서는 다양한 배움과 경험이 자신의 진로와 연계될 수 있음을 이해하고, 모든 활동에 적극적으로 참여해야 합니다. 왜냐하면 이를 통해 자신의 적성, 흥미, 가치관, 성격 등을 고려한 진로 탐색 및 설계가 가능하니까요. 모든 가능성은 내 안에 있고, 그 가능성은 스스로 만들 수 있어요.

다양한 진로 활동이 우리를 향해 열려 있어!

진로 탐색을 위한 청소년기의 배움과 경험은 주로 학교에서 이루어져요. 학교에서 이루어지는 진로 탐색은 진로 시간에만 하는 것이 아니라 학교에서 이루어지는 모든 교과 활동 시간과 창의적 체험활동, 학교자율시간, 방과 후 활동 시간에도 가능해요. 학교자율시간은 학교가 교육과정을 자유롭게 설계하고 운영할 수 있는 시간으로, 학교자율시간을 이용해 새로운 선택 과목을 개설·운영할 수 있어요. 이 외에도 자유학기제와 진로연계교육을 통해서 더욱 집중적인 진로 탐색의 시간을 가질 수 있습니다.

먼저 자유학기제는 중학교에서 한 학기 동안 지식·경쟁 중심에서 벗어나 학생 참여형 수업을 실시하는 것을 말해요. 학생의 소질과 적성을 키울 수 있는 다양한 체험 활동을 중심으로 교육과정을 운영하는 제도이지요.

진로연계교육은 상급 학교(학년)로 진학하기 전 학기나 학년의 일부 시간을 활용하여 학교급 간 연계 및 진로 교육을 강화하는 교육을 말해요. 자신의 진로를 탐색하기 위해 모든 교육활동에 주도적이며 성실한 자세로 참여하면 다양한 경험을 쌓을 수 있을 거예요.

미래를 미리 보는 두근두근 진로 체험

　진로 체험 활동은 진로 탐색의 다양한 방법 중에서 자신에게 맞는 진로를 탐색할 수 있는 가장 효과적인 방법이에요. 이론 학습이 아닌 다양한 실습을 하는 진로 체험 활동을 통해 직업 세계에 대한 구체적인 정보 수집이 가능하기 때문이지요. 그 유형으로는 진로 체험 활동의 성격에 따라 현장 직업 체험형, 직업 실무 체험형, 현장 견학형, 학과 체험형, 진로 캠프형, 강연·대화형이 있습니다.

　먼저 현장 직업 체험형은 직업 현장을 방문하여 직업인 인터뷰 및 실제 업무를 체험하는 경우입니다. 의미 있고 양질의 체험을 위해서는 실제로 현장에서 업무를 해보는 것이 진로 설계에 큰 도움이 됩니다.

　둘째, 직업 실무 체험형은 모의 직업 현장에서 현장 직업인과 인터뷰 및 관련 업무를 수행하고 체험하는 활동을 말해요. 실제 현장 직업인을 만남으로써 선망하는 직업에 대해 구체적이고 생생한 정보를 얻을 수 있습니다.

　셋째, 현장 견학형은 직업 현장, 기업체 등을 방문하여 생산 공정 등을 견학하는 활동이에요. 일터(작업장), 직업 관련 홍보 기관, 기업체 등을 방문함으로써 산업 분야의 흐름과 전망 등을 살필 수 있어요.

넷째, 학과 체험형은 특성화 고등학교, 대학교 등을 방문해 학과와 관련된 직업 분야의 기초적인 지식이나 기술을 체험하는 것이에요. 예를 들어 교대생과의 대화, 캠퍼스 투어 등 프로그램에 참여하는 활동 등을 말합니다.

다섯째, 진로 캠프형은 특정 장소에서 진로 심리 검사, 직업 체험, 상담 등 종합적인 진로 교육 프로그램을 경험하는 것을 의미해요. 진로 캠프를 통해 진로 유형을 탐색하며, 진로 계획을 세우거나 친구들과 함께하는 프로그램을 통해 사회 문제를 발견하고 문제 해결 및 발표를 하며 다양한 진로를 탐색할 수 있어요.

마지막으로 강연·대화형은 여러 분야 직업인의 강연이나 직업인과의 대화를 통해 관심 있는 직업 세계를 탐색하는 활동입니다. 기업의 대표, 전문가 등의 이야기를 통해 그들이 하는 일과 직업인이 되기까지의 노력과 방법 등 살아 있는 이야기를 들을 수 있는 중요한 자리입니다.

진로 체험 활동에 참여하기 전에는 학교에서 실시하는 안전, 성범죄 예방, 예절 등과 관련된 교육 과정에 반드시 참여해야 해요. 체험 기관의 규칙을 준수하여 안전한 체험 활동이 되도록 노력해야 할 필요가 있답니다.

특히 진로 체험 활동 중 안전사고가 발생했을 때는 인솔 교사나 학부모에게 신속히 알리고 도움을 요청해야 합니다. 또 진로 활동 후에는 진로 체험 활동 보고서를 작성하여 새로 알게 된 점이나 느낀 점을 정리하는 것이 중요합니다. 경험은 기록을 통해 쌓이고, 쌓인 기록은 내 삶의 방향을 찾는 데 멋진 나침반이 되어 줄 거예요.

 진로 체험 안전 동영상
꿈길 홈페이지 | http://www.ggoomgil.go.kr
안전한 진로 체험 핸드북

진로 체험 활동은
진로 탐색의 다양한 방법 중에서
자신에게 맞는 진로를 탐색할 수 있는
가장 효과적인 방법이에요.

진로 활동

놀러와요, 진로 체험의 숲

배움과 경험이 진로와 연계될 수 있음을 이해하고, 다양한 배움과 경험을 만날 수 있는 곳을 탐색해 봅시다. 자신의 관심 분야에 적극적으로 관심을 갖고 주도적으로 탐색해 보세요.

1. 분야별로 진로 체험 활동을 할 수 있는 기관을 조사해 봅시다.

한국은행 화폐박물관
다양한 경제 교육 체험 프로그램 운영

체험
프로그램

국립중앙과학관
과학 기술관, 자연사관, 천체관,
생물 탐구관 등을 운영

체험
프로그램

독립기념관
전시관 해설 예약, 전시관 활동지 이용,
MR 독립 영상관 및 특별기획전시 관람

체험
프로그램

국립경찰박물관
경찰 이해·체험실 및 경찰 역사실 관람,
경찰관 직업 체험

체험
프로그램

KBS 온
견학홀 관람 및 미디어 교육 프로그램
운영

체험
프로그램

국립현대미술관
상설 전시관 관람 및 전시 해설 프로그램,
다양한 청소년 교육 프로그램 운영

체험
프로그램

2. 자신이 좋아하고 잘하는 교과목은 어떤 직업과 관련이 있는지 생각해 봅시다. 그리고 자신의 희망 진로와 가장 관련이 있는 교과목과 희망 진로를 이루기 위한 학습 계획을 적어 보세요.

예시 내가 가장 좋아하는 교과목은 영어고, 내가 잘하는 교과목 역시 영어야. 나는 앞으로 외교관이 될 희망하는데, 영어는 나의 진로와 가장 밀접하게 관련되어 있어. 나는 앞으로 꿈을 이루기 위해 영어 단어를 매일매일 10개씩 꾸준히 외우기로 했어.

_____

_____

_____

_____

_____

_____

_____

_____

_____

3-1. 관심 있는 직업의 진로 체험 활동을 계획해 보고, 체험 활동을
해 봅시다.

진로 체험 활동 계획서			
체험 직업명 (기관)			
체험 일시			
체험 장소			
체험 유형	□ 현장 직업 체험형	□ 직업 실무 체험형	□ 현장 견학형
	□ 학과 체험형	□ 진로 캠프형	□ 강연·대화형
체험하고 싶은 내용			

궁금한 점	
준비물	
기타 (교통편 등)	

3-2. 작성한 진로 체험 활동 계획서에 따라 진로 체험 활동을 하고, 진로 체험 활동 보고서를 작성해 보세요.

진로 체험 활동 보고서				
체험 직업명(기관)		체험 일시	
체험 장소		체험 유형	
체험 내용	내가 한 일			
	새롭게 알게 된 일			

체험 소감	즐거웠던 일이 나 힘들었던 일	
	더 알고 싶은 점	
	나의 진로에 도움이 된 점	

5

교실에서부터 출발하는
나의 미래

내게 딱 맞는 학교는 어디일까

꿈을 찾거나 이루기 위해서는 다양한 경로가 존재합니다. 특히 청소년기에 마주하는 다양한 경험은 미래를 설계하는 일에 큰 영향을 줍니다. 여러분은 목표가 생기면 먼저 무엇을 시작하나요?

목표를 달성하기 위해서는 구체적인 계획이 중요해요. 계획을 하나하나 실천하게 되면 목표에 가까워질 수 있기 때문이지요. 그럼 다른 친구들은 어떻게 꿈을 이루기 위한 노력을 하는지 한번 살펴볼까요?

> **선생님:** 친구들, 오늘 이 시간에는 자신만의 꿈의 지도를 만들어 볼 거예요. 꿈의 지도는 어른이 되어 한 사람이 직업인이 되기까지 어떤 경로를 거칠지 그 경로를 그려보는 것입니다. 이루고 싶은 꿈을 머릿속에만 머물게 하지 않고, 실제로 그 꿈을 향한 경로를 생각하면서 구체적인 경로를 생각해 보세요.
>
> **용주:** 꿈의 지도라니, 게임 같은 느낌이네요. 저는 AI 개발자가 되고 싶은데, 제가 그릴 꿈 지도에는 어떤 내용이 들어가면 좋을까요?
>
> **선생님:** 먼저 가고 싶은 고등학교를 생각하고, 그 이후의 진로를 꿈 지도에 그려 보는 건 어떨까?
>
> **용주:** 꿈을 이루기 위해, 저는 과학 고등학교에 가고 싶어요. 코딩도 조금씩 배우고 싶고요. 우선 차근차근 제 관심 분야의 유형과 특성에 맞는 학교를 탐색해 볼게요.

AI 개발자가 되고 싶은 용주의 경우, 관심 분야를 더 공부하기 위해 과학 고등학교 진학을 목표로 하고 있군요. 여러분도 한번 생각해보세요. 나의 먼 미래를 먼저 그려 보고,

그 미래에 도착하기 위해서는 가장 먼저 무엇을 해야 할지를요. 용주처럼 나만의 꿈 지도를 그려 나가다 보면 지금 내가 무엇을 하면 좋을지 손쉽게 찾을 수 있을 거예요.

예쁜 교복만큼이나 중요한 학교 특성

고등학교는 유형별로 특성이 다양해요. 첫 번째로는 다양한 분야에 걸쳐 일반적인 교육을 실시하는 일반 고등학교가 있습니다. 대학 진학 위주의 교과 과정을 진행하는 일반계 교육과정을 이수하는 고등학교를 의미해요. 대다수의 학생들이 진학하는 학교이기도 합니다.

두 번째로 특정 분야의 인재 양성을 목적으로 하거나 체험 위주의 교육을 전문으로 하는 특성화 고등학교(직업)가 있어요. 공교육의 문제점을 보완하고자 학습자 중심의 자율적인 프로그램을 운영하는 대안 학교도 특성화 고등학교에 해당합니다.

세 번째로는 특수 목적 고등학교가 있어요. 특수 목적 고등학교는 설립 시 지정된 특수 분야 학습에 적합한 교육을 하는 곳으로, 그 목적에 따라 외국어고, 국제고, 과학고, 예술·체육고, 마이스터고 등으로 나눌 수 있습니다.

예를 들어 외국어 고등학교는 외국어에 능숙한 인재를 양성하는 곳으로 영어, 중국어, 일본어, 독일어 등 다양한 언어를 전공할 수 있어요. 반면 과학 고등학교는 과학에 관한 전문 지식을 가르치는 고등학교로 심화 수학과 심화 과학을 학습할 수 있답니다.

마이스터 고등학교는 일과 학습을 함께하면서 해당 분야의 기술 장인을 육성하려는 목적을 가진 학교에요. 바이오, 반도체, 자동차, 전기, 기계, 로봇, 통신, 조선, 항공, 에너지, 철강, 해양 등 다양한 기술 분야의 마이스터고가 전국 방방곡곡에 있습니다.

네 번째로는 학교 운영에 자율성이 보장된 자율 고등학교가 있어요. 교육과정 및 학사 운영 등을 자율적으로 운영하는 곳으로, 다양한 교육 수요를 충족하고 교육역량을 높이겠다는 목적으로 세워진 곳이지요. 자율 고등학교는 크게 자율형 공립고등학교와 자율형 사립고등학교로 구분됩니다.

그밖에 타고난 잠재력 계발을 위해 특별한 교육이 필요한 영재를 대상으로 능력과 소질에 맞는 교육을 실시하는 영재학교와 방송과 통신을 활용하여 교육 기회를 제공하는 방송통신고등학교 등이 있습니다.

이처럼 고등학교는 저마다의 특수한 목적을 갖고 운영되고 있어요. 각각의 고등학교 유형에 따라 졸업 후의 진로가 달라질 수 있으니, 자신의 진로 목표에 따라 신중하게 선택하기를 권합니다.

고등학교의 유형을 파악하고 나면 자신에게 맞는 고등학교를 선정하여 학교 정보를 탐색해야 해요. 인터넷, 학교 홍보 자료, 입시 설명회, 진학 상담, 학교 방문 등을 통해 고등학교에 대한 정보를 탐색할 수 있습니다.

고등학교 정보 탐색을 위한 사이트는 대표적으로 입학 정보를 한눈에 살펴볼 수 있는 고입정보포털(http://www.hischool.go.kr), 특성화고와 마이스터고의 정보를 알 수 있는 하이파이브(http://www.hifive.go.kr) 등이 있어요.

스스로 적성을 찾아 나가는 고교학점제

고교학점제에 대해서 들어봤나요? 고교학점제란 학생이 기초 소양과 기본 학력을 바탕으로 진로·적성에 따라 과목을 선택하고, 이수 기준에 도달한 과목에 대해 학점을 취득·누적하여 졸업하는 제도를 말합니다. 다시 말하면 고교

고교학점제 운영 방법

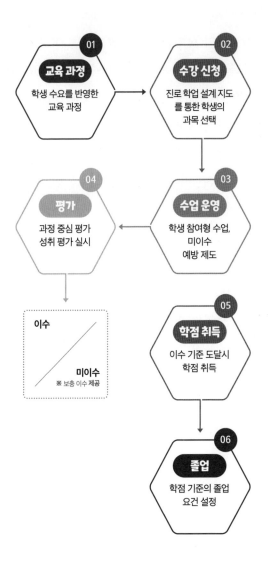

학점제는 나에게 필요한 과목을 내가 직접 선택할 수 있는 제도이지요.

고교학점제가 시행되면서 학생 스스로가 자신의 적성과 진로에 따라 다양한 과목을 선택할 수 있게 되었습니다. 그에 따라 희망하는 고등학교의 교육과정과 관련된 정보 탐색이 필요하고 또 중요해지고 있어요.

고교학점제가 적용된다고 해도 원하는 과목만 선택해 수강할 수 있는 것은 아니에요. 고등학교 교육을 통해 반드시 배워야 하는 내용으로 설정한 공통 과목과 학교에 따라 필수로 이수해야 하는 지정 과목은 의무적으로 수강해야 합니다.

공통 과목과 지정 과목을 제외한 범위에서 학생이 원하는 과목을 선택하여 수강하되, 이 경우에도 교과(군)별로 교육과정에서 지정된 필수 이수 학점을 충족할 수 있도록 과목을 선택해야 해요.

과목 선택의 범위는 학교 내에 개설된 과목을 우선으로 선택하되, 학교 내에서 원하는 과목이 개설되지 않은 경우에는 학교 간 공동 교육과정으로 개설된 과목을 수강할 수 있습니다.

2025년 고등학교 신입생부터 공통 과목은 성취도(A-I)와 석차 등급이 함께 표기되고, 선택 과목(일반 선택, 융합 선택, 진로 선택)은 성취도로 표기됩니다. 최소 학업 성취 수준 (40%)에 도달하지 못하면 보충 지도를 받아야 해요. 또 학업 성취율이 40% 이상이더라도 과목 출석률이 2/3 미만인 학생도 보충 지도 대상자가 됩니다. 학생은 학교의 별도 프로그램을 통해 보충 지도를 받게 되지요.

만약 학생이 보충 지도에 참여하지 않을 경우에는 해당 과목이 최종 미이수(I) 처리된다고 해요. 고등학교 졸업을 하기 위해서는 이수한 과목의 학점을 누적하여 최소 192학점 (교과 174학점, 창의적 체험활동 18학점) 이상이 되어야 합니다.

고교학점제에 대해서 더 알고 싶은 친구들은 고교학점제 사이트(https://www.hscredit.kr)를 참고하면 도움이 될 거예요.

고교학점제 평가 방식

성취율	성취도
90% 이상	A
80% 이상 ~ 90% 미만	B
70% 이상 ~ 80% 미만	C
60% 이상 ~ 70% 미만	D
40% 이상 ~ 60% 미만	E
40% 미만	F

6

창업이라는 블록을
하나씩 쌓아 볼까?

톡톡 튀는 나만의 아이디어를 소개하자

안녕하세요, 오늘은 제가 발명한 음성 인식 기능이 탑재된 스마트홈 기기에 대해 소개하려고 합니다. 저는 평소에 '귀차니즘'이 심한 사람입니다. 침대에 한번 누우면 일어나기가 너무 귀찮습니다. 가능하면 누워서 모든 것을 해결하려고 하죠. 티브이는 리모콘으로 키고 끄지만, 전등 같이 리모콘이 따로 없는 전자 기계들을 작동하는 것은 너무나 귀찮습니다.

평소에 느낀 이러한 불편함을 해결하고자 음성 인식 기술이 탑재된 스마트 전등을 만들었습니다. 침대에서도 "전등을 꺼 줘" 혹은 "전등을 켜 줘" 이 한마디만으로 전등을 키고 끌 수가 있습니다. 앞으로 이러한 기술을 다른 기계에도 접목해 다양한 스마트홈 기기를 만들고자 합니다. 일상 속에서 불편했던 것이나 세상에 없는 아이디어가 떠오른다면 여러분만의 창의적인 생각을 세상에 더해보시기를 바랍니다.

창업가가 아이디어와 자본을 결합해서 시장에 판매하는 사업 활동을 처음 시작하는 것을 창업이라고 합니다. 창업 아이디어는 세상에 없는 것을 새롭게 만들어 내는 것뿐만 아니라 생활 속에서 느꼈던 불편한 점을 해결할 수 있는 방안을 제시하고, 그것을 현실화하여 이미 존재하는 아이디어를 더 발전시키는 것까지도 포함해요.

창업 관련 사이트

 K-Startup 창업지원포털
https://www.k-startup.go.kr

온라인 창업체험교육 플랫폼 YEEP
https://yeep.go.kr

세상을 바꾸는 창업가가 되고 싶다면

창업가는 어떤 사람일 것 같나요? 자신의 신념과 목표한 바를 현실로 옮겨 실천하는 사람들이 떠오르네요. 창업가들은 모두 공통점을 갖고 있는데요, 그것을 창업가 정신과 핵심 역량으로 설명할 수 있습니다.

창업가 정신은 혁신적이고 창의적인 사고와 실패를 두려워하지 않는 열정적인 자세로 문제 해결과 가치 창출을 추구하는 도전적 정신을 의미합니다.

창업가 정신 핵심 역량은 디지털 트랜스포메이션에 따라 격변하고 있는 산업 구조에 대응할 수 있는 역량을 말해요. 급변하는 사회에 대비하여 능동적인 자세로 새로운 가치를 창출함으로써 미래의 건강한 사회 구성원으로 성장하는 데 필요한 역량이라고 할 수 있겠습니다.

창업의 특성과 창업가 정신을 이해했나요? 그렇다면 자신에게 필요한 창업가 정신을 탐색해 봅시다. 창업가 정신 핵심 역량은 가치 창출 역량군, 도전 역량군, 자기 주도 역량군, 집단 창의 역량군의 4개 핵심 역량군과 12개의 핵심 역량으로 구성되어 있어요. 그럼 하나하나 자세히 살펴볼게요.

첫 번째로 가치 창출 역량군은 혁신성, 사회적 가치 지향, 변화 민첩성 등을 포함하고 있어요. 해결하고자 하는 문제에 새롭고 창의적인 방식으로 접근해 가치 있는 대안을 제시할 수 있는 것을 '혁신성'이라고 하며, 사회적 문제 해결에 관심을 가지고 관련 지식을 활용하여 가치를 창출할 수 있는 것을 '사회적 가치 지향'이라고 합니다. 또 외부적 변화에 대하여 기회를 발견하고 빠르게 대응할 수 있는 능력을 '변화 민첩성'이라고 해요.

두 번째로는 도전 역량군에 대해 알아볼까요? 도전 역량군은 성취 지향성, 위험 감수 역량, 회복 탄력성을 핵심 역량으로 포함합니다. 최고 수준의 목표를 설정하고 반드시 달성하기 위해 최선의 노력을 기울이는 것을 '성취 지향성'이라고 부르지요. 새로운 기회가 제공하는 가치의 위험을 고려하여 일정 수준의 위험을 덜어내고, 적극적으로 도전할 수 있는 것을 '위험 감수 역량'이라고 하며, 실패에 좌절하지 않고 원래의 목표 달성을 위해 오뚜기와 같은 자세로 다시 일어서는 것을 '회복 탄력성'이라고 해요.

세 번째로는 자기 주도 역량군을 살펴보겠습니다. 자기 주도 역량군은 자율성, 자기 관리 역량, 끈기 등을 핵심 역량으로 폭넓게 아우르고 있어요. '자율성'은 스스로 목표와 원칙을 설정하고, 능동적으로 일하며 결과에 대해 책임을 질 수 있는 상태를 말하며, '자기 관리 역량'은 말 그대로 정해진 원칙에 따라 자신의 행동을 통제하고, 정서적 자기 조절 능력을 발휘할 수 있는 역량을 말합니다. '끈기'는 목표 달성을 위하여 쉽게 단념하지 않고 끈질기게 집중하는 것을 말해요.

마지막으로는 집단 창의 역량군에 대해 설명해 보겠습니다. 집단 창의 역량군은 공동 의사 결정, 자원 연계 역량, 협력성을 포함하고 있어요.

조별 과제를 한번 생각해 볼까요? 다함께 과제를 수행하기 위해서는 서로 다른 의견을 존중하고, 상이한 의견의 장단점을 비교 분석하여 더 나은 방안을 도출할 수 있어야 해요. 이를 '공동 의사 결정'이라고 합니다. 또 공동의 목표 달성에 필요한 인적, 물적, 기술, 정보 자원을 발굴하고 효율적으로 사용하기 위한 역량을 '자원 연계 역량'이라고 하지요. 마지막으로 가치 창출을 위해 타인과 목표를 공유하고, 서로 도우며 함께 일하는 역량을 '협력성'이라고 합니다.

창업가 정신 핵심 역량 진단하기

 온라인 창업체험교육 플랫폼 YEEP
https://yeep.go.kr
접속 ▶ 핵심 역량 진단 ▶ 핵심 역량 진단 소개 ▶ 핵심 역량 진단 시작
창업가 정신 핵심 역량 진단을 통해 자신의 창업가적 역량을 발견하고, 이를 기반으로 효과적인 진로 설계를 할 수 있어요.

우리 곁의 창업가들을 만나다

우리가 일상에서 많이 쓰는 제품과 서비스가 나오기까지 다양한 배경과 시행착오가 존재합니다. 그리고 그 시작을 만든 사람들이 있습니다. 우리는 그들을 창업가라고 부르고, 그들 덕분에 더 편리하고 나은 세상에서 살게 되었습니다.

창업가 정신과 창업가 정신 핵심 역량은 창업가들이 창업을 실현할 때뿐만 아니라 환경 변화에 대응하며 우리 스스로 진로를 창의적으로 개척하기 위해서도 필요해요. 그렇다면 창업가의 혁신 사례를 살펴볼까요?

창업가의 대표적인 인물로는 누가 떠오르나요? 가장 먼저 새로운 진로를 개척한 창업가 스티브 잡스(Steve Jobs)를 손꼽을 수 있겠습니다.

스티브 잡스는 2007년 휴대 전화에 노트북 기능이 탑재된 기술을 선보였습니다. 이는 통화와 문자 메시지가 주요 기능이었던 당시 휴대 전화 시장에서 정보, 음향, 영상을 한 손에 담을 수 있는 스마트폰 시대를 열었습니다. 그는 자신이 상상하는 제품을 급변하는 시대에 맞추어 현실화시켰어요. 자신이 처한 문제를 치열하게 고민하고 확신이 생기면 행동으로 옮겨, 현명하게 실현시키는 자세로 문제를 해결하고자 했습니다. 새로운 것에 대한 도전을 겁내지 않고 개혁과 혁신으로 세계적인 기업 '애플'을 만들어 냈지요.

두 번째로는 풍부한 창의력과 상상력으로 진정한 혁신가가 된 제프 베조스(Jeff Bezos)를 소개해 볼게요. 제프 베조스는 세계 최고의 기업 아마존의 설립자이자 최고 경영자(CEO)입니다. 아마존은 처음에 인터넷 상거래를 통해 책을 판매했는데요, 이후 넓고 다양한 상품을 판매하며 아마존을 세계적인 전자상거래 거대 기업으로 일궈냈습니다. 그는 혁신과 고객 중심 접근으로 비즈니스와 기술 혁신 분야에 큰 영향을 끼쳤지요.

제프 베조스는 글로벌 플랫폼으로 아마존을 키워내는 동안 끊임없는 혁신과 열정을 보여 주었고, 아마존 외에도 우주 탐사 분야에서도 주목받는 항공우주 기업 블루 오리진을 설립하는 등 다양한 분야에서 혁신을 이끌고 있는 인물입니다. 그의 리더십과 열정을 통한 성과는 많은 이들에게 영감을 주고 있어요.

앞서 소개한 두 유형의 창업가들이 주로 영리를 목적으로 주주나 소유주를 위한 이윤 극대화를 추구했다면, 이번에 소개할 창업가는 최우선적으로 사회적 목적을 위해 사업을 추구하고 그로 인해 발생된 이윤을 사업 또는 지역공동체에 다시 투자해 사회 전체의 발전과 삶의 질을 개선하고자 한 사회적 창업가 유형입니다. 바로 방글라데시 빈민들에게 무담보 소액 대출 운동을 전개해 빈곤 퇴치에 앞장선 무하마드 유누스(Muhammad Yunus) 이야기입니다.

방글라데시의 치타공 대학교 경제학 교수였던 무하마드 유누스는 빈곤이 계속되는 한 민주주의와 인권이 개선될 수 없다는 신념을 갖고 있었어요. 그는 빈곤층을 대상으로 무담보 소액 대출을 제공하는 사회적 기업인 '그라민 은행'을 1983년에 설립했어요. 이를 통해 많은 시민들이 가난에서 벗어날 수 있었고, 빈곤이라는 사회적 문제를 해결할 수 있었습니다.

우리나라에는 어떤 창업가가 있을까요? 국내 IT 업계를 대표하는 네이버의 최수연 대표를 떠올릴 수 있겠습니다. 최수연 대표는 네이버의 창업자는 아니지만 최연소 CEO로서 2022년부터 한국의 가장 큰 인터넷 회사를 이끌고 있어요. 2023년에는 미국 경제지 포브스(Forbes)가 선정한 '세계에서 가장 영향력 있는 여성 100인'에 이름을 올렸습니다.

최수연 대표는 글로벌 시장에 대한 깊은 이해력과 문제 해결 능력으로 네이버가 세계적 기업이 될 수 있도록 발돋

움하는 역할을 하고 있어요. 특히 빠르게 변화하는 시대에 발맞춰 강력한 기술과 서비스로 수많은 사용자를 연결할 수 있도록 AI, 클라우드 등 다양한 비즈니스 분야에서 글로벌 경쟁력을 확보하고 있습니다.

이처럼 창업가는 자신의 진로를 개척해 세상을 새롭게 만들거나 사회 문제를 해결함으로써 가치를 창출합니다. 무엇보다 그렇게 함으로써 보다 나은 세상을 만들고 있지요. 혹시 여러분도 잘 풀리지 않는 문제를 마주하고 있다면 오랜 시간 골똘히 연구해 그 해결책을 찾아 보세요. 내가 처한 문제를 하나하나 해결하고, 내 주변의 문제를 풀어 보면 언젠가 창업가가 될지도 모르는 법이니까요.

지금 아이돌이 되기에는
너무 늦은 걸까?

다음 윤미의 고민을 읽고, 나라면 어떻게 해결할 수 있을
지 함께 생각해 봅시다.

Q 제가 하고 싶은 일을 이제야 찾았어요. 아이돌이 되고 싶은데 이
일은 특히 어릴 때부터 준비하는 친구들이 많다고 해요. 지금 시
작하면 너무 늦은게 아닐까 걱정돼요.

A **"하고 싶은 일을 찾은 것만으로도 대단히 훌륭합니다."**

방송·연예 분야는 어릴 때부터 준비하는 학생들이 많습
니다. 하지만 하고 싶은 일을 찾은 것만으로도 대단히 훌
륭하다고 칭찬하고 싶어요. 조금 늦더라도 자신이 정말
하고 싶은 일을 찾았다면, 누구보다 열심히 준비하고 노
력할 수 있으리라 생각합니다. 빨리 시작한 사람만이 꼭
성공하고 꿈을 이루는 법은 아니거든요.

A **"자신의 흥미, 적성에 맞는 일인지 검증해 보는 과정이 필요해요."**

일단 진짜 하고 싶은 일이 맞는지 자기 이해가 필요합니다. 즉흥적으로 생각한 것이 아닌지 정말 자신의 흥미와 적성에 맞는지를 생각해 보세요. 예술 쪽 재능이 있는지에 대한 객관적인 자기 이해 자료를 얻기 위해 심리 검사를 해서 그 결과를 살펴보는 것도 필요합니다. 그리고 부모님과 주변 사람들과도 이야기해 보세요. 부모님의 지원이 꼭 필요하므로 부모님과 진로에 대해 진지하게 이야기해 보기를 바랍니다. 동아리 활동 등을 통해 같은 꿈을 꾸는 친구들과 교류하고, 관련 분야의 멘토를 통해 정보를 수집하는 것도 추천합니다.

A **"자신의 실력을 평가해 보세요."**

자신의 실력에 대한 객관적인 검증도 필요합니다. 각종 예술제나 오디션 등에 참가해 보세요. 준비 과정과 대회 참가 경험을 통해 자신의 꿈에 대한 준비도 가능하고, 자신의 실력에 대한 평가도 가능하거든요. 자신감을 가지고 도전해 보세요. 나의 소중한 꿈에 한 발짝 다가가기 위해 꾸준히 노력하길 바랍니다.

선생님의 답변을 읽고, 내가 윤미라면 앞으로 어떤 목표와 계획을 세우면 좋을지 적어 봅시다.

_____

_____

_____

_____

_____

_____

_____

_____

_____

전 세계가 열광하는 스트라이커,
축구 선수 손흥민

축구 선수 손흥민의 이야기를 읽고 다음 질문에 답해 봅시다.

현재 잉글랜드 프리미어리그의 토트넘 홋스퍼에서 활약하고 있는 손흥민 선수는 뛰어난 축구 실력과 헌신적인 태도로 전 세계 축구 팬들 사이에서 매우 사랑받는 인물이에요. 손흥민 선수는 독일 함부르크 SV 유소년 아카데미에 입단하면서부터 유럽 무대에서 주목받기 시작했고, 이후 바이어 레버쿠젠을 거쳐 2015년 토트넘 홋스퍼로 이적하면서 그의 커리어는 새로운 전환점을 맞이했습니다.

특히, 토트넘에서 뛰어난 활약을 펼치며 잉글랜드 프리미어리그에서 다수의 골과 어시스트를 기록하며 팀의 핵심 선수로 자리매김했어요. 2019-2020시즌에는 토트넘을 UEFA 챔피언스리그 결승으로 이끄는 데 크게 기여하며 세계적으로 이름을 알렸습니다.

손흥민 선수는 어릴 때부터 아버지의 철저한 지도 아래

강도 높은 훈련을 받으며 축구의 기본기를 다졌어요. 그의 아버지는 손흥민 선수에게 체력과 정신력 훈련을 강조하며 하루에 수백 번의 슛 연습과 드리블 연습을 반복하도록 했습니다. 이러한 반복적인 훈련은 손흥민 선수가 세계적인 선수로 성장하는 데 큰 밑거름이 되었다고 해요. 다양한 포지션에서 활약할 수 있는 다재다능한 실력과 더불어 손흥민 선수는 동료 선수들과의 협력과 소통을 중시하며 팀의 전력 강화에 크게 기여를 하고 있어요.

손흥민 선수는 경기 후 인터뷰나 소셜 미디어를 통해 팬들과 적극적으로 교류하며 성실하고 겸손한 태도를 보여줍니다. 이를 통해 그가 축구 외적인 부분에서도 긍정적인 이미지를 유지하며 팬들과의 소통을 중요하게 여긴다는 것을 알 수 있어요. 이처럼 손흥민 선수의 긍정적인 이미지와 태도는 많은 사람들에게 귀감이 되고 있습니다. 유럽 무대에서 큰 성공을 거둔 선수로서, 젊은 선수들은 물론 미래의 축구 꿈나무들에게 영감을 주고 있답니다.

Q 운동선수가 되기 위한 방법을 조사하여 적어 봅시다.

_____

_____

_____

_____

_____

_____

_____

_____

_____

_____

_____

_____

_____

_____

_____

_____

Q 운동선수에 적합한 특성은 무엇인지 적어 봅시다.

_____

_____

_____

_____

_____

_____

_____

_____

_____

_____

_____

_____

_____

_____

_____

_____

_____

_____

Q 나의 특성을 고려하여 운동선수라는 직업에 관한 생각을 적어
봅시다.

_____

_____

_____

_____

_____

_____

_____

_____

_____

_____

_____

_____

_____

_____

_____

내일 진로 시간에 자신의 진로에 대해 발표한다고 하던데, 너는 뭐라고 발표할 건지 정했어?

응, 물론이지. 아직 확정한 것은 아니지만 요즘 과학 책을 자주 읽고 있는데, 기후위기에 많은 관심을 갖게 되었어. 일단은 기상청에서 기후 변화를 예측하는 사람이 되면 어떨까 생각하고 있어.

멋진데? 그럼 과학 고등학교에 진학하면 좋겠다.

지금부터 열심히 해 보려고. 기상청에서 일하는 상상만으로도 즐거워.

- 세 번째 퀘스트 -

똑똑한 공부 계획으로
꿈의 무기를 획득하라!

++DREAM

인생은 스스로가 자신의 이야기를 만들어 가는 긴 여정이에요. 이때 진로의 사결정은 내 인생에 중요한 영향을 미치지요. 앞으로 진로의사결정의 개념과 방법을 이해하면서 자신의 미래에 한층 더 가까워졌으면 해요.

청소년 시기는 모든 가능성을 품고 있어요. 충분히 자기 자신을 들여다보고 다양한 경험과 배움을 통해 탐색한다면 자신이 원하는 미래로 삶을 이끌어 갈 수 있습니다. 누군가가 시키는 대로 살아서 행복해지는 일은 결코 없기 때문에, 내 인생을 책임질 사람은 나 자신뿐임을 깨닫고 스스로 멋진 인생을 만들어 보아요!

1

막막한 진로 결정도 한 걸음부터

내 진로는 내가 정한다!

내 이름은 송우리. 나는 웹 소설 읽는 것을 좋아해. 웹 소설을 읽는 것이 너무 재미있어. 매일 두세 시간은 꼬박꼬박 보고 있지. 소설을 읽으면서 결말을 예측해 보기도 하고, 주인공의 심리를 파악해 보는 것도 즐거워. 웹 소설 작가가 되어 볼까 생각하고 있어. 그런데 학교 숙제 말고는 글을 써 본 기억이 별로 없어서 내가 글 쓰는 것을 좋아하는지는 잘 모르겠어. 그냥 내가 쓰고 싶은 이야기를 재미있게 표현하면 될 것 같은데…. 웹 소설 작가가 되기 위해서는 어떤 준비를 해야 하는지 알아볼 필요가 있을까?

우리는 웹 소설을 좋아한다는 이유만으로 막연하게 작가가 되는 모습을 생각하고 있습니다. 무언가를 좋아하는 일은 분명 그 자체로 의미 있는 일이지요. 그런데 글쓰기에 특별한 흥미가 없이 무작정 작가가 되겠다고 생각한 채 아무런 준비를 하지 않아도 괜찮을까요?

진로의사결정이란 삶의 과정에서 맞닥뜨린 문제 상황을 해결하기 위해 여러 가지 대안을 신중하게 검토하여 선택하는 과정을 말합니다. 여기서 대안은 어떤 일에 대처할 방안을 의미해요. 진학해야 할 학교나 학과를 결정하거나 직업을 구하거나 옮길 때, 또 직업이나 맡은 일에서 물러나는 등 직업과 관련된 결정이 대표적인 진로의사결정이라고 할 수 있답니다.

진로의사결정을 할 때는 자신의 재능, 신체적 조건, 학업 능력, 주변 환경 등을 고려하여 주체적으로 결정해야 해요. 이 과정에서 전문가, 부모님, 선생님 또는 친구와 같은 주변 사람들의 도움을 받을 수 있다면 더 좋겠지요.

한 걸음씩 차근차근, 진로의사결정

진로의사결정을 하기 위해서는 자신의 삶의 목표를 명확히 알아야 해요. 자신에 대한 객관적인 정보도 충분히 가지고 있어야 합니다. 진로의사결정은 우선 진로와 관련된 나의 문제 상황을 분명하게 인식하는 문제 인식 단계에서부터 출발합니다. 아직 하고 싶은 일을 찾지 못해 불안함을 느끼고 있다면 그것이 바로 문제 인식 단계랍니다.

그 다음으로는 대안 탐색 단계가 있어요. 문제를 인식했다면 그것을 해결하기 위한 노력이 필요합니다. 진로 문제 역시 마찬가지입니다. 나의 성격과 욕구 등을 알아보고 그에 맞춘 다양한 직업을 조사하는 등 대안 탐색 과정은 여러 가지가 있습니다.

대안을 찾았다면 그것이 나에게 적합한지 평가하는 단계가 필요합니다. 평가 기준을 설정하고 그 기준에 따라 내가 찾은 대안을 비교해야 해요. 이 과정을 반복하다 보면 나에게 가장 적합한 대안을 결정할 수 있답니다.

마지막 단계는 내가 결정한 대안을 실행하기 위해 세부 계획을 수립하고 실천하는 것이에요. 지금 당장 할 수 있는 일부터 차근차근, 일단 시작하는게 가장 중요합니다. 시작이

반이라는 말도 있으니까요. 만약 이 과정을 따라가다가 막히는 경우가 발생하더라도 너무 걱정하지 마세요. 다시 앞 단계로 돌아가 문제를 점검하면 된답니다. 진로의사결정은 조급해하지 않고 매 단계를 신중하게 밟아 나가는 것이 중요해요.

진로를 정할 때 고려해야 할 세 가지

인생에 중대한 영향을 미치는 의사 결정일수록 오랫동안 고민한 후 신중하게 해야 해요. 특히 진학이나 직업과 관련된 진로의사결정을 할 때는 여러 사항을 파악하고, 객관적으로 분석한 뒤에 최종 판단을 내려야 합니다.

진로의사결정을 할 때 고려해야 할 사항으로는 신체적 조건이나 학업 능력과 같은 개인적 요인, 가족의 영향이나 경제적 안정과 같은 사회적 요인, 취업이나 승진 기회, 일에 대한 욕구와 같은 직업적 요인 등이 있습니다. 환경, 개인, 직업 세 가지 요인을 통해 구체적으로 살펴볼 수 있어요.

첫 번째 요인으로는 환경적 측면에서 사회문화적 요인(교육 정도, 가족 및 주변 사람의 영향, 개인의 사회·문화적 배경 등)과 경제적 요인(수입, 경제적 안정 등)을 고려해 진로를 결정할 수 있어요.

　두 번째 요인으로는 개인적 측면에서 신체적 요인(신체 조건, 나이, 성별, 건강 등), 감정이나 의지에 관한 것을 말하는 정의적 요인(흥미, 가치관, 성격, 일에 대한 만족도 등), 지적 요인(학업 능력, 적성, 지능 등) 등을 고려할 수 있어요.

　세 번째, 직업적 요인으로는 직업과 개인 간 요인(일의 안정성과 결점, 일에 대한 욕구, 일의 발전 가능성 등), 직업 자체 요인(취업 기회, 승진, 급여, 근무 조건, 여가 등) 등의 사항을 살펴 진로의사를 결정할 수 있습니다.

　충분히 생각하여 합리적으로 결정한 진로라도 상황에 따라 변할 수 있습니다. 그러니 임시로 정한 진로라도 언제든지 변경할 수 있어요. 이전에는 알지 못했던 새로운 정보나 대안을 찾게 되어 진로를 수정하거나 보완하는 경우가 발생할 수 있지요. 지극히 자연스러운 과정이니, 조급하게 진로를 결정하지 않아도 괜찮아요. 변화하는 삶의 과정에서 매 순간 상황에 맞게 진로의사결정을 하면 되거든요.

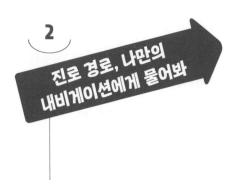

2

진로 경로, 나만의
내비게이션에게 물어봐

내 꿈을 목적지로 설정합니다

내비게이션은 주로 자동차와 같이 탈것에 장착되어 길을 안내해 주는 장치를 말해요. 출발지에서 목적지까지 무사히 도착할 수 있게 도로 사정을 파악해 빠른 길을 안내해 주지요. 동시에 빠른 길 외에도 목적지까지 도착하는 다른 길도 안내해 줍니다. 목적지는 하나지만 그곳에 도달하는 방법은 여러 갈래예요.

진로 역시 마찬가지입니다. 같은 진로를 설정했더라도

그 목표를 이루는 과정은 다양하게 존재해요.

방송국 프로듀서(PD)가 되고 싶은 재형이 고민을 한번 살펴볼까요?

나는 드라마와 영화, 예능 같이 영상 보는 것을 좋아해. 티브이도 많이 보고 유튜브 콘텐츠도 많이 봐. 처음에는 내가 좋아하는 아이돌이 나오는 프로그램을 찾아서 봤는데, 보다 보니깐 다른 채널들도 많이 보게 되었어. 다양한 채널을 가리지 않고 보니깐 세상이 어떻게 돌아가는지도 자연스럽게 알게 되고, 사람들이 무엇에 관심이 있는지도 알 수 있게 되더라. 그러다 보니 나도 콘텐츠를 만드는 사람이 되고 싶어졌어. 방송국 프로듀서가 되고 싶은데, 지금부터 어떤 준비를 할 수 있을까?

일반 고등학교에 진학해 유튜브 채널을 개설해 볼까 싶기도 하고, 외국어 고등학교에 진학해 글로벌 시장에 진출할 수 있게끔 외국어 능력을 키우고 싶기도 해. 또 미리 경험해 보는 것도 좋으니 방송을 전문적으로 다루는 특성화 고등학교에 진학하는 건 어떨까 고민이 되네. 관심 있는 진로 분야에 다양한 진로 경로가 있어서 요즘 고민이 많아.

재형이처럼 관심 있는 진로 분야가 있나요? 진로 경로를 설정할 때는 자신의 흥미, 적성, 성격, 가치관, 진로 성숙의 수준 등을 종합적으로 고려하고, 교육 경로와 미래 직업 세계의 전망 등도 예측해 보는 것을 추천해요. 진로 목표를 달성하는 데에는 다양한 경로가 있으므로, 여러 탐색 방법을 활용하여 자신에게 가장 적합한 진로 경로를 설정하도록 합시다.

한 가지 길이 아닌 여러 가지 길로

진로 경로는 개인적 요인이나 사회적 요인에 의해 언제든지 변경될 수 있습니다. 예를 들어 자신의 학업 수준에 따라 진학할 고등학교나 대학교가 변경될 수 있고, 희망하는 직업의 채용 방식이 바뀌면, 그에 따라 진로 경로가 변경될 수도 있어요. 그래서 자신에게 가장 적합한 우선적 진로 경로를 설정하되, 우선적 진로 경로를 실행하기 어려울 경우에 선택할 수 있는 대안적 진로 경로도 같이 설정하는 것이 안전합니다.

경찰관이라는 연우의 예를 한번 살펴볼까요? 연우는 제복을 입은 멋진 경찰관의 모습에 끌려 경찰관이 되고 싶은 꿈을 키우게 되었습니다. 무엇보다 경찰관이 하는 일을

진로 목표를 달성하는 데에는
다양한 경로가 있으므로,
여러 탐색 방법을 활용하여
자신에게 가장 적합한
진로 경로를 설정하도록 합시다.

하나씩 찾아보면서 꿈을 구체화할 수 있었습니다. 경찰관이라는 직업을 목표로 하자 경찰관이 되기 위한 다양한 경로를 설정하게 되었어요.

연우의 첫 번째 목표는 일반 고등학교에 진학한 후 경찰 대학교에 입학해 경찰(경위)이 되는 것입니다. 이것이 바로 우선적 경로입니다. 하지만 첫 번째 경로대로 진행할 수 없을 경우를 대비해 다른 경로를 다양하게 연구해 보았어요. 즉, 우선적 경로를 이루지 못할 경우, 대안적 경로를 생각한 것이지요.

일반 고등학교에 진학했으나 경찰 대학교를 가지 못하게 될 경우, 일반 대학교에서 경찰 관련 학과를 전공해 간부 후보생 공채로 경찰(경위)이 될 수 있어요. 만일 간부 후보생 공채가 어려울 경우 일반 순경 공채를 통해 경찰(순경)이 되는 경우도 생각해 볼 수 있겠지요. 특성화 고등학교에 입학해 대학교에 진학하지 않고 일반 순경 공채를 통해 경찰(순경)이 되는 경우도 연우는 대비책으로 만들었습니다.

이처럼 기존의 계획이 통하지 않거나 상황이 변화했을 때, 예상치 못한 사태를 대비하고자 할 때 준비하는 대안적 경로는 일종의 '플랜 B'로서 여러분이 원하는 목적지에 도달할 수 있도록 안전하게 도와줄 거예요.

진로의 갈림길 앞에 선 우리의 고민

직업인의 진로 경로를 알아보겠습니다. 사례를 통해 우선적 진로 경로와 대안적 진로 경로를 모두 설정했을 때의 좋은 점을 살펴보세요.

1. 다음 사례를 읽고 직업인의 우선적 진로 경로와 대안적 진로 경로를 적어 봅시다.

> **사례 1** 배우 이성민은 고등학생 때 단체 관람으로 본 연극을 통해 배우가 되기로 결심한다. 대학교는 연극 영화과에 입학하려고 했지만, 부모님과 선생님의 강한 반대로 포기할 수밖에 없었다. 하지만 배우의 꿈은 포기하지 않았다. 그러다 재수생 시절, 우연히 연극 단원 모집 포스터를 보게 되었고 극단에 들어가 꾸준히 배우의 꿈을 키우게 되었다. 오랜 무명 생활로 힘든 시절도 있었지만, 꿈을 포기하지 않고 꾸준히 노력한 결과, 현재는 대한민국의 대표 배우가 되었다.

우선적 진로 경로

_____

_____

_____

_____

_____

_____

_____

대안적 진로 경로

_____

_____

_____

_____

_____

_____

_____

사례 2 가수 임영웅은 고등학생 시절 실용 음악 학원에 다니면서 가수의 꿈을 키우게 된다. 발라드 가수가 되기를 희망한 그는 대학에서 실용 음악을 전공한다. 하지만 발라드로 경연 대회에 참가했을 때는 상도 받지 못하고, 관객의 호응도 얻기 어려웠다. 이때 지역 가요제에 참가해 발라드 대신 트로트를 처음 부르게 되었고, 최우수상을 받으면서 이름을 알렸다. 이후 열심히 노력한 그는 오늘날 전 국민이 사랑하는 트로트 가수가 되었다.

우선적 진로 경로

_____

_____

_____

_____

대안적 진로 경로

_____

_____

_____

_____

2. 살펴본 두 가지 사례를 통해 우선적 진로 경로와 대안적 진로 경로를 함께 설정하면 어떤 점이 좋은지 적어 봅시다.

엄마아빠는 왜
내 꿈을 몰라 주실까?

다음 채린이의 고민을 읽고, 나라면 어떻게 해결할 수 있을지 함께 생각해 봅시다.

Q 저는 댄서가 꿈이에요. <스트리트 우먼 파이터>에 나오는 언니들처럼 멋지게 춤추고 싶어요! 그런데 부모님께서 인정해 주지 않으세요. 부모님의 지지를 받지 못해 속상한 마음이 듭니다. 어떻게 해야 할까요?

A "부모님과 열린 마음으로 대화해 보세요."

가장 먼저 부모님과의 충분한 소통이 필요해 보입니다. 일방적으로 채린이의 꿈을 말씀드리기보다는 부모님의 이야기를 열린 마음으로 경청하는 자세가 필요해요. 부모님께서는 누구보다도 채린이가 행복한 삶을 살 수 있도록 안내하고 싶으실 거예요. 시간을 마련하여 부모님과 솔직하게 대화해 보세요.

Ⓐ "부모님께 구체적인 진로 계획을 말씀드려 보세요."

부모님과 대화할 때는 일방적으로 설득하려 하거나 부모님의 의견을 너무 감정적으로 받아들이지 않아야 해요. 부모님은 지금껏 많은 경험을 하셨기 때문에 세상을 보는 안목이 넓고, 더 정확하게 판단하실 수 있어요.

하지만 부모님도 채린이의 관심 진로 분야에 대한 경험이나 정보가 부족할 수 있어요. 충분한 정보 탐색을 통해서 진로 목표가 나에게 얼마나 적합한지, 앞으로 얼마나 발전 가능성이 있는지, 그 진로 목표를 위해서 앞으로 어떤 노력을 할 것인지 등의 진로 계획을 정리하여 부모님께 말씀드려 보는 건 어떨까요?

Ⓐ "수용적인 태도와 인내심이 필요해요."

물론 부모님과의 대화가 긍정적인 분위기에서 이루어지지 않을 수도 있고, 오랜 시간이 걸릴 수도 있어요. 하지만 부모님과 채린이는 서로에게 소중한 존재잖아요. 또 채린이에게는 부모님의 보살핌과 지원이 절대적으로 필요하니 수용적인 태도로 인내심을 갖고 지속적으로 부모님과 대화해 보세요. 그러다 보면 합의점을 찾을 수 있을 것이라고 생각해요.

선생님의 답변을 읽고, 내가 채린이라면 앞으로 어떤 목표와 계획을
세우면 좋을지 적어 봅시다.

_____

_____

_____

_____

_____

_____

_____

_____

_____

_____

_____

_____

_____

_____

_____

_____

_____

_____

3

내게 꼭 필요한 공부는 따로 있어

국영수는 알려 주지 않는 내 꿈의 공부

경미: 내 동생은 프로 바둑 기사가 꿈이다. 매일 학원에서 바둑을 배우고, 혼자 책으로 바둑 공부도 하고 있다. 온라인으로 다른 사람들과 대국도 벌인다.

은우: 나는 요리사가 되기 위해 방과 후 활동에서 한식 요리를 배우고 있다. 특성화 고등학교에 진학하여 관련 자격증 시험에도 도전할 계획이다. 오늘 저녁에는 한식으로 유명한 식당에 가족과 가는데 벌써부터 설렌다.

두리: 외교관이 목표인 언니는 하루에 한 시간씩 영어 방송을 듣고 있다. 처음에는 알아듣기 힘들었지만, 계속 듣다 보니 조금씩 들린다고 한다. 이제는 영어로 일기를 쓴다고 한다.

미영: 아버지께서는 요즘 퇴근 후에 컴퓨터 프로그래밍 학원에 다니신다. 몸은 피곤하지만, 꾸준히 배우면 업무에 많은 도움이 될 거라고 하셨다. 고된 하루를 마치고 미래를 위해 애 쓰시는 모습을 보면 감동적이다.

저마다 자신 혹은 가족들이 목표를 달성하기 위한 방법을 이야기하고 있네요. 여러분은 무엇을 좋아하나요? 자신이 좋아하는 것을 깊이 생각하다 보면 그 이유를 깨달을 수 있답니다. 좋아하는 마음을 깊숙이 들여다보면 내가 좋아하고 재미있다고 생각하는 진짜 이유를 깨달을 수 있어요.

자신이 원하는 직업을 갖고 직업 생활에서 성취감을 느끼기 위해서는 관련 지식을 이해하고 기능을 익히는 학습이 필요합니다. 나아가 삶의 다양한 측면에서의 성취를 위해 학습의 필요성을 알고 학습하는 방법을 터득하는 것도 매우 중요하지요.

학교에서의 학습은 삶에서 필요한 지식을 제공해요. 교과 학습을 통해 학생들은 주변 세계를 탐구하는 방법을 익

힐 수 있고, 창의적 체험활동과 같은, 학교 밖의 배움을 통해 자신의 진로 목표와 관련된 다양한 경험을 할 수도 있어요. 이처럼 학습은 빠르게 변하는 사회에서 주도적이며 만족스러운 삶을 살기 위한 밑바탕이 되어 줍니다.

자기 주도 학습으로 나만의 길을 찾아가자

스스로 학습 목표를 설정하고, 학습 계획을 세워 실천하며, 학습 결과를 평가하는 등의 학습 전체 과정을 본인의 의사에 따라 선택하고 결정하는 학습의 형태를 자기 주도 학습이라고 해요.

효과적인 자기 주도 학습을 위해서는 학습에 적극적으로 참여할 수 있는 학습 동기가 필요하고, 자신만의 효율적인 학습 방법을 찾는 것이 필요해요. 또 스스로 학습 계획을 세우고 실천하는 과정을 경험해야 하지요.

복잡하고 불확실한 세상에서 길을 잃지 않고 당당하게 헤쳐 나가려면 자신이 자기 삶의 주인공이 되어야 합니다. 자신의 열정, 흥미, 미래의 꿈을 추구할 수 있도록 스스로 배움의 주체가 되어 자신의 창의성과 잠재력을 최대한 발휘할 수 있어야 해요. 그리고 이러한 과정에서 자기 주도 학습의 경험은 여러분이 성취감을 느끼고, 진로 목표를 이루기 위한 힘을 기를 수 있게 도와줄 것입니다.

자기 주도 학습에 필요한 세 가지 요소
1. 학습 동기 - 학습에 대한 흥미와 의욕이 필요하다. 2. 학습 방법 - 자신만의 효율적인 학습 방법을 찾는 것이 필요하다. 3. 학습 실천 - 학습 계획을 세우고 이를 실천하는 자세가 필요하다.

진로 활동

나만의
드림 학습 플래너

진로 목표 성취를 위한 학습 계획을 수립해 보세요.

1. 나의 관심 직업과 진학을 희망하는 고등학교 유형을 적어 보세요.

관심 직업	희망하는 고등학교 유형
•	•
•	•
•	•
•	•

2. 희망하는 고등학교에 진학하기 위한 학습 계획을 세우고, 실천 방법을 적어 보세요.

국어, 영어, 수학 등 교과목 성적을 올리기 위한 계획은 무엇이 있을까요?

학습 계획	실천 방법
예 영어 회화 실력 키우기	예 영어권 친구 사귀기, 매일 영어 단어 5개씩 외우기
•	•
•	•
•	•
•	•
•	•

교과목 외 다른 학습 능력을 키울 수 있는 계획은 무엇이 있을까요?

학습 계획	실천 방법
•	•
•	•
•	•
•	•
•	•
•	•
•	•

3. 위 2번에서 작성한 학습 계획과 실천 방법을 친구들 혹은 부모님과 공유하고, 조언을 받아 수정해 보세요.

짝의 조언	수정 내용
•	•
•	•
•	•

4

졸업,
끝이면서 새로운 시작

본격적인 공부 전에 미리 준비해야 할 것

프린스턴 대학교에서 기업가 정신에 관한 강의를 하며
성공적인 작가와 투자자로 거듭난 팀 페리스(Tim Ferriss)는
진로와 도전에 대한 명언을 남겼습니다. 그는 우리 삶에서
모든 운이 신호등의 파란불처럼 따라 주는 완벽한 상황은
오지 않는다고 말합니다. 오지 않을 그 타이밍만 기다리다
가는 영원히 아무것도 이루지 못하고 무덤에 묻히게 될 것
이라고 경고하죠.

동시에 그는 중요한 것은 일단 하는 일이라고 말했습니다. 이것저것 고민할 시간에 그냥 시작하고, 세세한 진로 계획 같은 것은 얼마든지 새로 세우면서 수정해 나가면 된다고 말이에요.

고등학교 진학 계획을 세우기 위해서는 우선 자신이 결정한 진로 목표와 진로 경로를 살펴보고 이에 들어맞는 고등학교를 선택해야 해요.

앞서 고등학교 유형을 살펴보았듯 자신에게 해당하는 유형을 알아보고, 관심 고등학교의 교육과정, 진학 정보 등을 탐색하며 희망 고등학교를 잠정적으로 결정하기를 추천합니다. 이때 해당 고등학교를 잘 알고 있는 주변 사람들의 조언을 들어보는 것도 필요하다는 사실을 잊지 마세요. 고등학교를 선택한 후에는 고등학교 진학 준비, 고등학교 적응을 위한 학습 습관 및 체력 관리 등에 대한 계획을 세우고 실천해야 해요.

우리는 어떤 스무 살이 될까?

고등학교 졸업 후 대학 진학을 선택한 경우, 대학 생활을 하는 동안에도 진로 목표에 도달하기 위한 학습 및 다양한 진로 경험을 계획하고 실천해야 합니다. 대학을 졸업한 후에는 취업 또는 대학원 진학을 선택할 수 있어요.

고등학교 졸업 후 취업을 선택한 경우에는 취업을 위한 교육 계획 및 전문성 강화를 위한 교육 계획을 세워야 합니다.

진로 계획은 스스로 설정한 진로 목표를 바탕으로 진로 경로의 각 과정에서 해야 할 일을 미리 생각하여 정하는 것입니다. 진로 계획에는 진학 계획, 취업 계획, 직업적 성취를 이루기 위한 다양한 활동 계획 등이 있어요. 진로 계획은 주변 환경이나 여건의 변화에 따라 수정하거나 보완하는 것이 가능하므로 계속해서 계획을 점검할 필요가 있습니다.

진로 계획 수립의 원칙
1. 스스로 계획하고 설계한다.
2. 단기, 중기, 장기로 나누어 단계별로 계획한다.
3. 다양한 진로 정보를 탐색하여 활용한다.
4. 구체적이고 명확한 실행 목표 및 계획을 세운다.
5. 실천 가능한 행동 중심의 계획을 세운다.

나의 진로 계획은 오늘도 순항 중!

진로 계획은 풍부하고 정확한 정보를 토대로 구체적으로 세워야 해요. 하지만 아무리 계획을 잘 설정한다 하더라도 실천하지 못하면 아무 의미가 없습니다. 그래서 계획의 실행 정도를 점검하는 시간이 필요하지요. 특히 계획을 세울 때는 일의 우선순위를 정해, 중요하고 긴급한 일부터 처리하면 효율적으로 계획을 진행할 수 있어요.

또, 계획을 잘 관리하고 싶다면 주기적으로 플래너를 작성해 보세요. 스터디 플래너는 많이들 쓰고 있을 테니 잘할 수 있겠죠? 달성한 목표, 진행 중인 목표를 차례대로 적고, 잘한 점과 보완해야 할 점도 함께 기록해 보세요.

마지막으로 미래에 대한 걱정 때문에 조급하게 서두르지 말고 미래를 멀리 내다보는 태도도 중요합니다. 장기적으로 진로 계획을 실천하기 위해 신체적·정신적 건강 관리, 시간 관리, 대인 관계 관리, 용돈 관리 등 생활 전반에서의 자기 관리가 필요하다는 사실을 기억하길 바랍니다.

미래에 대한 걱정 때문에
조급하게 서두르지 말고
미래를 멀리 내다보는 태도도 중요합니다.

이렇게 낮은 성적으로도
의사가 될 수 있을까?

다음 우석이의 고민을 읽고, 나라면 어떻게 해결할 수 있을지 함께 생각해 봅시다.

Q 제 꿈은 아픈 사람들을 돕는 의사예요. 그런데 의대에 진학하기 위해서는 매우 우수한 성적이 필요합니다. 하지만 저는 그 수준까지 성적을 받을 자신이 없는데 어떻게 해야 할까요?

A **"꿈을 이루기 위해 노력하는 자신을 응원하길 바랍니다."**

자신이 이루고 싶은 꿈을 이루기 어려운 상황이라고 판단된다면 마음이 무척이나 괴로울 것 같아요. 하지만 필요한 만큼의 학업 성적을 얻지 못하는 본인에 대해서 실망하거나 원망하지 않았으면 좋겠습니다. 진로에 대해서 고민하고 꿈을 이루기 위해 노력하는 자신을 응원하길 바랍니다.

ⓐ "목표를 정하고 목표를 이루기 위해서 노력해 보세요."

우석이는 아직 중학생입니다. 앞으로 대학교에 진학할 때까지 시간적 여유가 있으니 성실하게 학업에 열중하다 보면 꿈에 근접할 수 있을 거예요. 우선 목표를 설정해야 겠지요? 먼저 가능하다고 생각되는 학업 성적을 생각해 보세요. 다음에는 과목별, 시기별로 학업 성적 목표를 설정하고, 그 목표를 이루기 위해서 노력해 보세요. 그렇게 실천하다 보면 어느새 목표한 수준에 도달할 수 있을 거예요.

ⓐ "주변 사람들에게 조언을 구해 보세요."

진로를 위해 준비하는 과정에서 힘들거나 도움이 필요할 때는 주변의 도움을 받는 것도 필요해요. 예를 들어 공부를 열심히 하는데 만족스러운 결과가 나오지 않는다면 부모님이나 선생님, 친구들에게 조언을 구해 보세요. 자신이 생각하지 못한 공부 방법을 배울 수 있을지도 모릅니다.

나아가 진로에 대한 조언을 구할 수도 있어요. 본인이 관심 있는 직업에 종사하고 있는 직업인을 통해 해당 직업에 대한 다양한 진로 경로를 알아보는 방법도 좋아요. 진로 상담 선생님과 같은 전문가와 상담하여 본인의 진로 특성에 어울리는 여러 가지 직업에 대한 정보를 얻고, 이를 탐색해 보세요.

선생님의 답변을 읽고, 내가 우석이라면 앞으로 어떤 목표와 계획을 세우면 좋을지 적어 봅시다.

_____

_____

_____

_____

_____

_____

_____

_____

_____

_____

_____

_____

변화에 대처하는 유연한 리더십,
기업가 정신아

카카오 정신아 대표님의 이야기를 읽고 다음 질문에 답해 봅시다.

현재 카카오의 대표이사로 활동 중인 정신아 대표는 혁신적인 리더십과 뛰어난 경영 능력으로 주목받고 있는 인물이에요. 연세대학교에서 불어불문학과 경영학을 전공하고, 마케팅 전공으로 경영학 석사 과정을 마친 정신아 대표는 2000년 보스턴컨설팅그룹(BCG)에서 경력을 시작했어요. 이곳에서 테크 관련 전략 수립 과정을 특히 좋아했다고 해요. 이후 미시간 대학교에서 MBA를 마치며 경영 지식을 더욱 탄탄히 다졌습니다.

미국의 오픈마켓 플랫폼 기업인 이베이에서 근무한 정신아 대표는 아시아태평양(APAC) 사업부에서 태국 등 동남아시아와 일본 사업 개척 업무를 맡아, 새로운 시장을 개척하는 데 크게 기여했습니다. 이후 NHN 비즈니스 플랫폼에서 다양한 영역을 총괄하며, 수직적 구조의 문제점을 개선하려는 노력을 기울였어요.

2014년, 정신아 대표는 카카오벤처스의 전신인 케이큐 브벤처스 투자팀 이사로 합류해 스타트업 기업들이 성공하기 위해서는 창업자의 이력과 경력보다는 습득력, 끈기, 우직함 등이 중요하다는 것을 깨닫게 되었어요. 그녀는 스타트업들이 성장할 수 있도록 적극적으로 지원하며, 기업 문화를 재조성하는 데 많은 시간을 투자했습니다. 그리고 2018년 카카오벤처스 대표이사로 취임해 수직적인 문화와 사내 정치 등의 악습을 없애고, 기업 문화를 혁신하는 데 주력했어요. 2024년 3월에는 주주총회를 거쳐 카카오의 새로운 대표이사로 선임되었습니다.

정신아 대표는 카카오벤처스에서 신생 기업의 투자 전략을 결정하고 실행하는 주요 책임자로서, 인공지능(AI), 빅데이터, 모바일 플랫폼 등의 기술 분야에 집중해 스타트업의 성장을 촉진하고 있어요. 정신아 대표의 창의적이고 지속 가능한 기술 혁신은 산업 전반에 긍정적인 영향을 미치고 있습니다.

정신아 대표의 성공에는 끊임없는 자기 계발과 포기하지 않는 끈기, 혁신적인 접근 방식이 큰 역할을 했습니다. 또한 다양한 경영 경험을 통해 쌓아온 전문성을 바탕으로 한 기업을 이끌며, 더 나은 기업 문화를 만들기 위해 노력하고 있습니다.

Q 기업가가 되기 위한 방법을 조사하여 적어 봅시다.

_____

_____

_____

_____

_____

_____

_____

_____

_____

_____

_____

Q 기업가에 적합한 특성은 무엇인지 적어 봅시다.

_____

_____

_____

_____

_____

_____

_____

_____

_____

_____

_____

_____

_____

_____

_____

_____

_____

Q 나의 특성을 고려하여 기업가라는 직업에 관한 생각을 적어 봅시다.

_____

_____

_____

_____

_____

_____

_____

_____

_____

_____

_____

_____

_____

_____

_____

에필로그

쾌속 성장하는
내일의 나를 만나다

우리는 학교와 교과서에서 '성장'이라는 단어를 자주 마주합니다. 성장은 도대체 어떤 것을 의미할까요? 국어사전은 성장을 '사람이나 동식물 따위가 자라서 점점 커짐'으로 설명하고 있습니다. 그렇다면 키가 커져서 옷이 짧아지는 것만이 성장일까요? 어느 순간부터 더는 키가 자라지 않으면 우리의 성장은 거기에서 멈추는 것일까요?

성장은 단순히 그러한 신체적인 변화만을 의미하지 않습니다. 내적인 성장, 즉 나에 대해 누구보다 깊이 이해하고 내가 잘하는 일과 못하는 일을 분명히 알고 있으며, 이를 바탕으로 발전해 나가는 과정이야말로 진정한 성장이라고 할 수 있어요. 여러분은 각자의 진로를 찾는 과정에서 나의 흥미와 적성, 가치관을 깊이 탐구했지요. 나의 강점은 더욱 발전시키고 약점은 보완하도록 노력했을 테고요. 아마 책을 읽기 전보다 '나'라는 사람에 대해 훨씬 더 많이 알게 되었을 거예요. 또 미처 몰랐던 자신의 모습을 발견했을 수도 있습니다.

그뿐만이 아닙니다. 진로를 찾는 과정에서 우리는 다양한 경험을 했습니다. 여러 직업을 탐색하며 더 넓은 세상을 바라보는 시각과 더 깊은 사고의 틀을 가지게 되었습니다. 이제 병원에 가면 의사, 간호사 외에도 방사선사, 원무과 직원, 물리치료사, 약사 등 훨씬 다양한 사람들과 그들의 경험이 보일 것입니다. 결국 우리 모두는 꿈과 진로를 찾으며 어제보다 오늘 더 성장한 셈입니다.

어쩌면 지금 당장은 그 성장이 와 닿지 않을지도 모릅니다. 하지만 시간을 거듭할수록 '진로'라는 게임을 통해 쌓은 우리의 경험치가 빛을 발할 거예요. 무엇보다도 여러분은 다른 친구들이 '이 직업이 정말 괜찮은 직업일까? 도전했는데 나와 맞지 않아서 고생하면 어떡하지?' 고민하는 사이, 일단 씩씩하게 도전해 보는 용기와 추진력을 분명 발휘할 수 있을 것입니다.

관심 있는 직업을 조사하고 그 직업인의 이야기를 들어

본다거나 직접 체험해 보는 일이 생각만큼 어렵지 않다는 사실을 우리는 알고 있습니다. 꿈을 이루기 위해 필요한 공부를 찾고 계획하는 일도 우리 스스로 얼마든지 할 수 있지요. 그저 주저앉은 채로 고민만 해서는 내가 원하는 길을 고를 수 없다는 점, 꿈과 미래는 끝없이 스스로 도전하고 한계를 실험하는 사람에게 그 가능성을 보여 준다는 점을 여러분이 잊지 않았으면 합니다.

이 책에서 우리는 진로를 하나의 게임으로 생각해 보았습니다. 그렇다면 책을 마무리하는 이 단계에서는 더욱 구체적으로 야구 게임을 한 번 떠올려 볼까요?선수가 타석에 오르면 일단 여러 가지 가능성을 마주합니다. 안타를 치거나 운이 좋으면 홈런을 칠 수도 있겠지요. 반대로 병살타를 치거나 데드볼을 몸에 맞고 옆구리를 움켜쥐게 될지도 모릅니다. 만약 한 선수가 실수가 두렵다는 이유로 타석에 서지 않고 벤치에만 머무르겠다고 한다면 여러분은 어떤 생각이 드나요?

어렵게 찾은 진로가 나에게 맞지 않을 수도 있고, 한때는 정말 하고 싶었던 일이 더는 하고 싶지 않을 수도 있습니다. 내 꿈에 필요한 공부가 잘되지 않아서, 필요한 성적이 잘 나오지 않아서 좌절할 수도 있을 거예요. 하지만 그 좌절이 두

렵다는 이유로 아예 시작조차 하지 않는다면 우리는 그 무엇도 될 수 없습니다. 일단 타석에 선 선수에게는 1회, 2회, 3회… 9회말 게임과 연장전까지 남아 있지만, 벤치에만 머무르는 선수에게는 단 1회도 주어지지 않습니다. 야구 선수가 경기를 거듭하면서 성장하듯이 우리의 꿈도, 그 꿈을 향해 내달릴 힘도 도전할수록 성장합니다.

여러분의 인생은 여러분이 만들어 나가는 것입니다. 부모님이나 선생님이 정해 준 진로를 따라갈 수도 있고 좋아하는 친구의 진로를 따라갈 수도 있습니다. 하지만 가장 중요한 순간에 책임을 지는 것은 온전히 나의 몫입니다. 실패를 두려워하지 않는 마음은 선택의 책임을 온전히 내가 질 수 있을 때만 만들어지는 것이기도 합니다. 이런 마음을 심리학에서는 '회복 탄력성'이라는 용어로 설명합니다. 회복 탄력성은 실패를 경험한 후에 다시 일어설 수 있는 능력입니다. 그러나 만약 이 실패가 나의 몫이 아닌 부모님, 선생님, 친구의 몫이 된다면 우리의 회복 탄력성은 제 능력을 발휘할 수 없습니다. 그렇게 꺾인 마음은 다시 일어서기까지 훨씬 더 많은 시간을 필요로 합니다. 그래서 나의 길을 내가 선택하는 일은 실패를 두려워하지 않는 마음만큼이나 중요합니다.

앞으로도 나의 꿈과 진로를 찾아 나가는 여정에서 실패할까 봐 문득 이대로 포기하고 싶은 마음이 들 때마다, 차라리 부모님이 시키는 길로 가고 싶을 때마다 이 책을 펼쳐 보세요. 아마 책을 끝까지 읽은 여러분 가슴속에는 꿈과 미래를 향한 기대감이 가득 차올라 반짝이고 있을 것입니다. 지금 이 기분을 잊지 않고 영원히 간직한다면 반드시 여러분이 꿈꾸는 멋진 내일을 만날 수 있을 것입니다. 이 책이 여러분을 쾌속 성장의 길로 이끄는 길잡이가 되기를 바랍니다. 여러분의 꿈이 이루어지는 그날까지 저는 언제나 여러분을 응원하겠습니다.

KI신서 12930

이런 진로는 처음이야

1판 1쇄 발행 2024년 7월 24일
1판 3쇄 발행 2024년 10월 8일

지은이 이찬
펴낸이 김영곤
펴낸곳 ㈜북이십일 21세기북스
서가명강팀장 강지은 **서가명강팀** 강효원 서윤아
디자인 ziwan **일러스트** Hyperpension
출판마케팅팀 한충희 남정한 나은경 최명렬 정유진 한경화 백다희
영업팀 변유경 김영남 강경남 황성진 김도연 권채영 전연우 최유성
제작팀 이영민 권경민
출판등록 2000년 5월 6일 제406-2003-061호
주소 (10881)경기도 파주시 회동길 201(문발동)
대표전화 031-955-2100 **팩스** 031-955-2151 **이메일** book21@book21.co.kr

(주)북이십일 경계를 허무는 콘텐츠 리더

21세기북스 채널에서 도서 정보와 다양한 영상자료, 이벤트를 만나세요!
페이스북 facebook.com/jiinpill21   **포스트** post.naver.com/21c_editors
인스타그램 instagram.com/jiinpill21   **홈페이지** www.book21.com
유튜브 youtube.com/book21pub

ⓒ 이찬, 2024
ISBN 979-11-7117-708-0 43190